Benedikt XVI.
In Gott ist unsere Zukunft

W0089312

Benedikt XVI.

In Gott ist unsere Zukunft

Ansprachen & Predigten
während seines Besuchs
in Deutschland

benno

Bibliografische Information der Deutschen Nationalbibliothek
Die Deutsche Nationalbibliothek verzeichnet diese Publikation
in der Deutschen Nationalbibliografie;
detaillierte bibliografische Daten sind im Internet über
http://dnb.d-nb.de abrufbar.

Die Texterfassung entspricht dem Stand der Veröffentlichung
vom 14. Oktober 2011

Besuchen Sie uns im Internet unter:
www.st-benno.de

ISBN 978-3-7462-3161-7
© St. Benno-Verlag GmbH
Stammerstr. 11, 04159 Leipzig
Umschlaggestaltung: Ulrike Vetter, Leipzig
Umschlagabbildung: © picture-alliance/dpa
Gesamtherstellung: Kontext, Lemsel (B)

Inhaltsverzeichnis

„Wo Gott ist, da ist Zukunft" – Das Wort zum Sonntag

17. September 2011

Verehrte Damen und Herren,
liebe Landsleute!

In wenigen Tagen werde ich zu meiner Reise nach Deutschland aufbrechen, und ich freue mich schon darauf. Ich freue mich besonders auf Berlin, wo es viele Begegnungen geben wird, und freue mich besonders natürlich auf die Rede im Bundestag und auf den großen Gottesdienst, den wir im Olympiastadion feiern dürfen.

Ein Höhepunkt der Reise wird Erfurt sein: Im Augustinerkloster, in der Augustinerkirche, in der Luther seinen Weg begonnen hat, darf ich mich mit Vertretern der Evangelischen Kirche Deutschlands treffen. Wir werden dort miteinander beten, auf das Wort Gottes hören, miteinander denken und noch sprechen. Wir erwarten keine Sensationen. Das eigentlich Große daran ist eben dies, dass wir miteinander an diesem Ort denken, das Wort Gottes hören und beten, und so inwendig beieinander sind, und sich wahrhaft Ökumene ereignet.

Etwas Besonderes ist für mich die Begegnung
mit dem Eichsfeld, diesem kleinen Landstrich,
der durch alle Verwirrungen der Geschichte hindurch katholisch geblieben ist; und dann der
Südwesten Deutschlands, mit Freiburg, der großen Stadt, mit vielen Begegnungen, die dort sein
werden, besonders mit einer Vigil für die Jugend,
mit dem großen Gottesdienst, der die Reise ab-
schließt.

All dies ist nicht religiöser Tourismus, und noch
weniger eine Show. Worum es geht, sagt das Leit-
wort dieser Tage: „Wo Gott ist, da ist Zukunft."
Es soll darum gehen, dass Gott wieder in unser
Blickfeld tritt, der so oft ganz abwesende Gott,
dessen wir doch so sehr bedürfen.

Sie werden mich vielleicht fragen: „Gibt es
Gott überhaupt? Und wenn es ihn gibt, befasst
er sich überhaupt mit uns? Können wir bis zu
ihm vordringen?" Nun, es ist wahr: Wir können
Gott nicht auf den Tisch legen, wir können nicht
wie ein Gerät ihn anrühren oder wie irgendei-
ne Sache in die Hand nehmen. Wir müssen die
Wahrnehmungsfähigkeit für Gott, die in uns da
ist, wieder neu entwickeln. In der Größe des
Kosmos können wir etwas ahnen von der Größe Gottes. Wir können die Welt technisch nüt-
zen, weil sie rational gebaut ist. In dieser großen

Rationalität der Welt ahnen wir etwas von dem Schöpfergeist, von dem sie kommt, und wir können in der Schönheit der Schöpfung doch etwas von der Schönheit, Größe und auch von der Güte Gottes sehen. Wir können im Wort der Heiligen Schrift Worte ewigen Lebens hören, die nicht einfach nur von Menschen kommen, sondern die von Ihm herkommen, in denen wir Seine Stimme hören. Und endlich, in der Begegnung mit Menschen, die von Gott angerührt worden sind, sehen wir gleichsam Gott. Ich denke nicht nur an die Großen: von Paulus über Franz von Assisi bis zu Mutter Teresa; sondern an die vielen einfachen Menschen, von denen niemand spricht. Und doch, wenn wir ihnen begegnen, geht von ihnen etwas von Güte, von Lauterkeit, von Freude aus, dass wir wissen, da ist Gott, und dass er uns anrührt. Darum wollen wir uns in diesen Tagen mühen, dass wir Gott wieder zu Gesicht bekommen, dass wir selber Menschen werden, von denen ein Licht der Hoffnung in die Welt hereintritt, das Licht von Gott her ist und uns leben hilft.

Interview auf dem Flug nach Deutschland

Donnerstag, 22. September 2011

Pater Lombardi: Heiliger Vater, herzlich willkommen unter uns. Wir sind die gewohnte Gruppe von Journalisten, die Sie begleiten und sich darauf vorbereiten, Ihrer Reise ein Echo in der weltweiten Presse zu verleihen. Wir sind Ihnen sehr dankbar, dass Sie so schon zu Beginn Zeit für uns haben, um uns die Bedeutung dieser Reise gut verstehen zu helfen. Es handelt sich um eine besondere Reise, da es in Ihre Heimat geht und Sie in Ihrer Sprache sprechen werden. In Deutschland sind auf den verschiedenen Stationen der Reise ca. 4.000 Journalisten akkreditiert. Hier an Bord sind wir 68 Journalisten, von denen etwas mehr als zwanzig deutscher Sprache sind. Ich lege Ihnen nun einige Fragen vor, und die erste stelle ich auf deutsch, so dass Sie für unsere deutschen Kollegen in deren und Ihrer Sprache antworten können.

Eure Heiligkeit, erlauben Sie uns zuerst eine sehr persönliche Frage. Wie deutsch fühlt sich Papst Benedikt XVI. noch? Und woran bemerkt er, wie sehr – oder zunehmend weniger – seine deutsche Herkunft eine Rolle spielt?

Heiliger Vater: Hölderlin hat gesagt: Am meisten vermag doch die Geburt. Und das spüre ich natürlich auch. Ich bin in Deutschland geboren, und die Wurzel kann nicht abgeschnitten werden und soll nicht abgeschnitten werden. Ich habe meine kulturelle Formung in Deutschland empfangen. Meine Sprache ist deutsch, und die Sprache ist die Weise, in der der Geist lebt und wirksam wird. Meine ganze kulturelle Formung ist dort geschehen. Wenn ich Theologie treibe, tue ich es aus der inneren Form heraus, die ich an den deutschen Universitäten gelernt habe; und leider muss ich gestehen, dass ich immer noch mehr deutsche als andere Bücher lese, so dass in meiner kulturellen Lebensgestalt dieses Deutschsein sehr stark ist. Die Zugehörigkeit zu dieser eigenen Geschichte mit ihrer Größe und ihrer Schwere kann und soll nicht aufgehoben werden. Aber bei einem Christen kommt schon etwas anderes dazu. Er wird in der Taufe neugeboren, in ein neues Volk aus allen Völkern hinein, in ein Volk, das alle Völker und Kulturen umfasst und in dem er nun wirklich ganz zu Hause ist, ohne seine natürliche Herkunft zu verlieren. Wenn man dann eine große Verantwortung – wie ich die oberste Verantwortung – in diesem neuen Volk übernimmt, ist klar, dass man immer tiefer in dieses hineinwächst. Die Wurzel wird zum Baum, der sich vielfältig erstreckt, und das Daheimsein in dieser großen Gemeinschaft eines Volkes aus allen Völkern, der katholischen Kirche, wird lebendiger und tiefer, prägt das ganze Dasein, ohne das Vorherige aufzuheben. So würde ich sagen: Es bleibt die Herkunft, es bleibt die kulturelle Gestalt, es bleibt natürlich auch die besondere Liebe und Verantwortung, aber eingebettet und ausgeweitet in die große Zugehörigkeit, in die *Civitas Dei* hinein, wie Augustinus sagen würde, das Volk aus allen Völkern, in dem wir alle Brüder und Schwestern sind.

Vielen Dank, Heiliger Vater. Und jetzt fahren wir fort in Italienisch. Heiliger Vater, in den letzten Jahren gab es in Deutschland eine Zunahme der Kirchenaustritte, teilweise auch wegen des Missbrauchs Minderjähriger durch Mitglieder des Klerus. Wie stehen Sie zu diesem Phänomen, und was würden Sie denen sagen, die die Kirche verlassen wollen?

Unterscheiden wir vielleicht zunächst die besondere Begründung derer, die über diese Verbrechen empört sind, die in letzter Zeit aufgedeckt wurden. Ich kann verstehen, dass jemand im

Licht solcher Informationen – vor allem wenn sie einen nahestehenden Menschen betreffen – sagt: „Das ist nicht mehr meine Kirche. Die Kirche war für mich eine Kraft der Humanisierung und der Sittlichkeit. Wenn Vertreter der Kirche das Gegenteil tun, kann ich in dieser Kirche nicht mehr leben." Das ist eine Sondersituation. Im Allgemeinen sind die Gründe vielfältig, im Kontext der Säkularisierung unserer Gesellschaft. Und diese Austritte sind gewöhnlich der letzte Schritt eines langen Weges der Entfernung von der Kirche. In diesem Zusammenhang scheint es mir wichtig, sich zu fragen und zu überlegen: „Warum bin ich in der Kirche? Bin ich in der Kirche wie in einem Sportverein, einem Kulturverein usw., wo ich meine Interessen habe, und wenn diese nicht mehr berücksichtigt werden, dann trete ich aus; oder ist in der Kirche zu sein etwas Tieferes?" Ich würde sagen, es wäre wichtig zu erkennen, dass in der Kirche zu sein nicht bedeutet, in irgendeinem Verein zu sein, sondern im „Netz" des Herrn, in dem er gute und schlechte Fische aus den Wassern des Todes ans Land des Lebens zieht. Es kann sein, dass ich in diesem Netz ausgerechnet neben schlechten Fischen bin und dass ich das spüre, doch bleibt wahr, dass ich da nicht wegen diesem oder jenem bin, sondern weil es das Netz des Herrn ist. Es ist etwas anderes als alle menschlichen Vereine, eine Wirklichkeit, die den Grund meines Seins berührt. Wenn wir mit diesen Menschen sprechen, dann – denke ich – müssen wir der Frage auf den Grund gehen: Was ist die Kirche? Worin besteht ihre Verschiedenheit? Warum bin ich in der Kirche, auch wenn es da schreckliche Skandale und entstellte Menschlichkeit gibt? Und wir müssen so das Bewusstsein erneuern für die Besonderheit dieses Kircheseins, des Volkes aus allen Völkern, das das Volk Gottes ist; und müssen so lernen, auch die Skandale zu ertragen und gegen diese Skandale anzugehen, gerade da man sich drinnen, in diesem großen Netz des Herrn befindet.

Danke, Heiligkeit. Es ist nicht das erste Mal, dass Personengruppen sich Ihrem Kommen in ein Land entgegenstellen. Das Verhältnis Deutschlands zu Rom ist traditionell kritisch, zum Teil sogar in katholischen Kreisen. Die Kontroversthemen sind seit Langem bekannt: Kondom, Eucharistie, Zölibat. Vor Ihrer Reise haben auch Parlamentarier kritische Positionen eingenommen. Aber auch vor Ihrer Reise nach Großbritannien schien die Stimmung nicht gerade freundschaftlich, und dann ist es gut ausgegangen. Mit welchen Gefühlen bege-

ben Sie sich jetzt in Ihre alte Heimat und werden Sie sich an die Deutschen wenden?

Vor allem würde ich sagen: In einer freien Gesellschaft und in einer säkularisierten Zeit ist es normal, dass es Oppositionen gegen einen Besuch des Papstes gibt. Es ist auch recht – ich respektiere sie alle –, dass sie diesen ihren Widerspruch zum Ausdruck bringen: Das gehört zu unserer Freiheit, und wir müssen zur Kenntnis nehmen, dass die Säkularisierung und auch die Opposition gerade gegenüber dem Katholizismus stark ist. Und wenn diese Oppositionen in zivilisierter Weise ausgedrückt werden, ist nichts dagegen einzuwenden. Andererseits ist aber auch wahr, dass es große Erwartungen und viel Liebe dem Papst gegenüber gibt. Aber vielleicht muss ich noch sagen, dass in Deutschland verschiedene Dimensionen dieser Opposition existieren: der alte Widerspruch zwischen germanischer und romanischer Kultur, die Auseinandersetzungen der Geschichte, dazu sind wir das Land der Reformation, die diese Gegensätzlichkeiten noch verschärft hat. Aber es gibt auch eine große Zustimmung zum katholischen Glauben, eine zunehmende Einsicht, dass wir eine Überzeugung brauchen, dass wir eine moralische Kraft in unserer Zeit brauchen, dass wir eine Gegenwart Gottes in dieser unserer Zeit brauchen. So weiß ich, dass zugleich mit der Opposition – die ich normal finde und die zu erwarten war – viele Menschen da sind, die mich freudig erwarten, die ein Fest des Glaubens erwarten, ein Zusammensein sowie die Freude, Gott zu kennen und gemeinsam auf Zukunft hin zu leben, die Freude, dass Gott uns an der Hand hält und uns den Weg weist. Darum komme ich mit Freude in mein Deutschland und bin glücklich, die Botschaft Christi in mein Land zu tragen.

Eine letzte Frage: Heiliger Vater, Sie werden in Erfurt das alte Kloster des Reformators Martin Luther besuchen. Die evangelischen Christen – und die Katholiken, die mit ihnen im Dialog stehen – sind dabei, sich auf den 500. Jahrestag der Reformation vorzubereiten. Mit welcher Botschaft, mit welchen Gedanken bereiten Sie sich auf die Begegnung vor? Ist Ihre Reise auch als eine brüderliche Geste gegenüber den von Rom getrennten Brüdern und Schwestern zu verstehen?

Als ich die Einladung zu dieser Reise angenommen habe, war es für mich klar, dass die Ökumene mit unseren evangelischen Freunden ein wichtiger Punkt, ein zentraler Punkt dieser Reise sein müsste. Wir leben, wie bereits gesagt, in einer Zeit des Säkularismus, in der die Christen gemeinsam die Aufgabe haben, die Botschaft Gottes, die Botschaft Christi gegenwärtig werden zu lassen, den Glauben und das Voranschreiten in diesen großen Ideen und Wahrheiten zu ermöglichen. Deshalb ist es ein grundsätzliches Element für unsere Zeit, dass Katholiken und Protestanten sich zusammentun, selbst wenn wir institutionell noch nicht vollkommen eins sind, selbst wenn Probleme bleiben, auch große Probleme – im Fundament des Glaubens an Christus, an den dreifaltigen Gott und bezüglich des Menschen als Gottes Ebenbild sind wir einig. Und dies der Welt zu zeigen und diese Einheit zu vertiefen, ist wesentlich in diesem geschichtlichen Moment. Deshalb bin ich unseren Freunden, den protestantischen Brüdern und Schwestern, sehr dankbar, dass sie ein ganz bedeutsames Zeichen möglich gemacht haben: die Begegnung in dem Kloster, wo Luther seinen theologischen Weg begonnen hat, das Gebet in der Kirche, in der er zum Priester geweiht wurde, und das miteinander Sprechen über unsere Verantwortung als Christen in dieser Zeit. Ich bin sehr glücklich darüber, so diese grundsätzliche Einheit zei-

gen zu können, dass wir Brüder und Schwestern
sind und zusammen für das Wohl der Menschen
arbeiten, indem wir die Frohe Botschaft Christi verkünden, des Gottes, der ein menschliches
Antlitz hat und der zu uns spricht.

Offizielle Begrüßung auf Schloss Bellevue, Berlin

22. September 2011

Sehr geehrter Herr Bundespräsident!
Meine Damen und Herren!
Liebe Freunde!

Durch den liebenswürdigen Empfang, den Sie mir hier in Schloss Bellevue bereiten, fühle ich mich sehr geehrt. Ihnen, Herr Bundespräsident Wulff, bin ich besonders dankbar für die Einladung zu diesem offiziellen Besuch, der mein dritter Aufenthalt als Papst in der Bundesrepublik Deutschland ist. Von Herzen danke ich Ihnen für die freundlichen und auch in die Tiefe gehenden Begrüßungsworte, die Sie an mich gerichtet haben. Ebenso gilt mein Dank den Vertretern der Bundesregierung, des Bundestages und des Bundesrates sowie der Stadt Berlin für ihre Anwesenheit, mit der sie ihren Respekt gegenüber dem Papst, dem Nachfolger des Apostels Petrus, zum Ausdruck bringen. Und nicht zuletzt danke ich den drei gastgebenden Bischöfen – Erzbischof Woelki von Berlin, Bischof Wanke von Erfurt und

Erzbischof Zollitsch von Freiburg – sowie allen, die auf verschiedenen kirchlichen und öffentlichen Ebenen an der Vorbereitung dieser Reise in mein Heimatland mitgewirkt haben und so zu ihrem Gelingen beitragen.

Auch wenn diese Reise ein offizieller Besuch ist, der die guten Beziehungen zwischen der Bundesrepublik Deutschland und dem Heiligen Stuhl festigen wird, bin ich nicht in erster Linie hierher gekommen, wie es andere Staatsmänner tun, um bestimmte politische oder wirtschaftliche Ziele zu verfolgen, sondern um den Menschen zu begegnen und mit ihnen über Gott zu sprechen. Deswegen freue ich mich, dass eine große Vertretung der Bürger der Bundesrepublik da ist. Herzlichen Dank!

Der Religion gegenüber erleben wir – Sie haben darauf hingedeutet, Herr Bundespräsident – eine zunehmende Gleichgültigkeit in der Gesellschaft, die bei ihren Entscheidungen die Wahrheitsfrage eher als ein Hindernis ansieht und stattdessen Nützlichkeitserwägungen den Vorrang gibt.

Es bedarf aber für unser Zusammenleben einer verbindlichen Basis, sonst lebt jeder nur noch seinen Individualismus. Die Religion ist eine dieser Grundlagen für ein gelingendes Miteinander.

„Wie die Religion der Freiheit bedarf, so bedarf auch die Freiheit der Religion." Dieses Wort des großen Bischofs und Sozialreformers Wilhelm von Ketteler, dessen zweihundertsten Geburtstag wir in diesem Jahr feiern, ist heute nach wie vor aktuell[1].

Freiheit braucht die Rückbindung an eine höhere Instanz. Dass es Werte gibt, die durch nichts und niemand manipulierbar sind, ist die eigentliche Gewähr unserer Freiheit. Der Mensch, der sich dem Wahren und dem Guten verpflichtet weiß, wird dem sofort beipflichten: Freiheit entfaltet sich nur in der Verantwortung vor einem höheren Gut. Dieses Gut gibt es nur für alle gemeinsam; deshalb muss ich immer auch meine Mitmenschen im Blick haben. Freiheit kann nicht in Beziehungslosigkeit gelebt werden.

Im menschlichen Miteinander geht Freiheit nicht ohne Solidarität. Was ich auf Kosten des anderen tue, ist keine Freiheit, sondern schuldhaftes Handeln, das den anderen und damit letztlich auch mich selbst beeinträchtigt. Wirklich frei entfalten kann ich mich nur, wenn ich meine Kräfte auch zum Wohl der Mitmenschen einsetze. Und

1 *Rede vor der ersten Versammlung der Katholiken Deutschlands,*
   1848. In: Erwin Iserloh (Hg.): Wilhelm Emmanuel von Ketteler:
   Sämtliche Werke und Briefe, Mainz 1977, I, 1, S. 18.

dies gilt nicht nur für den Privatbereich, sondern auch für die Gesellschaft. Sie hat gemäß dem Subsidiaritätsprinzip den kleineren Strukturen ausreichend Raum zur Entfaltung zu geben und zugleich eine Stütze zu sein, damit sie einmal auf eigenen Beinen stehen können.

Hier am Schloss Bellevue, das seinen Namen dem schönen Blick auf das Spreeufer verdankt, unweit der Siegessäule, des Bundestags und des Brandenburger Tors gelegen, stehen wir mitten im Zentrum Berlins, der Hauptstadt der Bundesrepublik Deutschland. Das Schloss ist – wie viele Gebäude der Stadt – mit seiner bewegten Vergangenheit ein Zeugnis deutscher Geschichte. Wir kennen ihre großen und noblen Seiten, und sind dankbar dafür. Aber auch der klare Blick auf ihre dunklen Seiten ist möglich, und er erst ermöglicht uns, aus der Vergangenheit zu lernen und Anstöße für die Gegenwart zu erhalten. Die Bundesrepublik Deutschland ist durch die von der Verantwortung vor Gott und voreinander gestaltete Kraft der Freiheit zu dem geworden, was sie heute ist. Sie braucht diese Dynamik, die alle Bereiche des Humanen einbezieht, um unter den aktuellen Bedingungen sich weiter entfalten zu können. Sie braucht dies in einer Welt, die einer tief greifenden kulturellen Erneuerung und der

Wiederentdeckung von Grundwerten bedarf, auf denen eine bessere Zukunft aufzubauen ist (Enzyklika *Caritas in veritate*, 21).

Ich wünsche mir, dass die Begegnungen an den verschiedenen Stationen meiner Reise hier in Berlin, in Erfurt, im Eichsfeld und in Freiburg dazu einen kleinen Beitrag leisten können. In diesen Tagen schenke Gott uns allen seinen Segen. Danke.

Besuch des Deutschen Bundestags
im Berliner Reichstagsgebäude
22. September 2011

Sehr geehrter Herr Bundespräsident!
Herr Bundestagspräsident!
Frau Bundeskanzlerin!
Frau Bundesratspräsidentin!
Meine Damen und Herren Abgeordnete!

Es ist mir Ehre und Freude, vor diesem Hohen Haus zu sprechen – vor dem Parlament meines deutschen Vaterlandes, das als demokratisch gewählte Volksvertretung hier zusammenkommt, um zum Wohl der Bundesrepublik Deutschland zu arbeiten. Dem Herrn Bundestagspräsidenten möchte ich für seine Einladung zu dieser Rede ebenso danken wie für die freundlichen Worte der Begrüßung und Wertschätzung, mit denen er mich empfangen hat. In dieser Stunde wende ich mich an Sie, verehrte Damen und Herren – gewiss auch als Landsmann, der sich lebenslang seiner Herkunft verbunden weiß und die Geschicke der deutschen Heimat mit Anteilnahme verfolgt. Aber die Einladung zu dieser Rede gilt mir als Papst, als Bischof von Rom, der die oberste Verantwortung für die katholische Christenheit trägt. Sie anerkennen damit die Rolle, die dem Heiligen Stuhl als Partner innerhalb der Völker- und Staatengemeinschaft zukommt. Von dieser meiner internationalen Verantwortung her möchte ich Ihnen einige Gedanken über die Grundlagen des freiheitlichen Rechtsstaats vorlegen.

Lassen Sie mich meine Überlegungen über die Grundlagen des Rechts mit einer kleinen Geschichte aus der Heiligen Schrift beginnen. Im ersten Buch der Könige wird erzählt, dass Gott dem jungen König Salomon bei seiner Thronbesteigung eine Bitte freistellte. Was wird sich der junge Herrscher in diesem Augenblick erbitten? Erfolg – Reichtum – langes Leben – Vernichtung der Feinde? Nicht um diese Dinge bittet er. Er bittet: „Verleih deinem Knecht ein hörendes Herz, damit er dein Volk zu regieren und das Gute vom Bösen zu unterscheiden versteht" (1 Kön 3,9). Die Bibel will uns mit dieser Erzählung sagen, worauf es für einen Politiker letztlich ankommen muss. Sein letzter Maßstab und der Grund für seine Arbeit als Politiker darf nicht der Erfolg und schon gar nicht materieller Gewinn sein. Die Politik muss Mühen um Gerechtigkeit sein und so die Grundvoraussetzung für Frieden schaffen. Natürlich wird ein Politiker den Erfolg suchen, ohne den er überhaupt nicht die Möglichkeit politischer Gestaltung hätte. Aber der Erfolg ist dem Maßstab der Gerechtigkeit, dem Willen zum Recht und dem Verstehen für das Recht untergeordnet. Erfolg kann auch Verführung sein und kann so den Weg auftun für die Verfälschung des Rechts, für die Zerstörung der Gerechtigkeit. „Nimm das Recht weg – was ist dann ein Staat noch anderes als eine große Räuberbande", hat der heilige Augustinus einmal gesagt[1]. Wir Deutsche wissen es aus eigener Erfahrung, dass diese Worte nicht ein leeres Schreckgespenst sind. Wir haben erlebt, dass Macht von Recht getrennt wurde, dass Macht gegen Recht stand, das Recht zertreten hat und dass der Staat zum Instrument der Rechtszerstörung wurde – zu einer sehr gut organisierten Räuberbande, die die ganze Welt bedrohen und an den Rand des Abgrunds treiben konnte. Dem Recht zu dienen und der Herrschaft des Unrechts zu wehren ist und bleibt die grundlegende Aufgabe des Politikers. In einer historischen Stunde, in der dem Menschen Macht zugefallen ist, die bisher nicht

1 *De civitate Dei*, IV, 4, 1.

vorstellbar war, wird diese Aufgabe besonders dringlich. Der Mensch kann die Welt zerstören. Er kann sich selbst manipulieren. Er kann sozusagen Menschen machen und Menschen vom Menschsein ausschließen. Wie erkennen wir, was recht ist? Wie können wir zwischen Gut und Böse, zwischen wahrem Recht und Scheinrecht unterscheiden? Die salomonische Bitte bleibt die entscheidende Frage, vor der der Politiker und die Politik auch heute stehen.

In einem Großteil der rechtlich zu regelnden Materien kann die Mehrheit ein genügendes Kriterium sein. Aber dass in den Grundfragen des Rechts, in denen es um die Würde des Menschen und der Menschheit geht, das Mehrheitsprinzip nicht ausreicht, ist offenkundig: Jeder Verantwortliche muss sich bei der Rechtsbildung die Kriterien seiner Orientierung suchen. Im 3. Jahrhundert hat der große Theologe Origenes den Widerstand der Christen gegen bestimmte geltende Rechtsordnungen so begründet: „Wenn jemand sich bei den Skythen befände, die gottlose Gesetze haben, und gezwungen wäre, bei ihnen zu leben ..., dann würde er wohl sehr vernünftig handeln, wenn er im Namen des Gesetzes der Wahrheit, das bei den Skythen ja Gesetzwidrigkeit ist, zusammen mit Gleichgesinnten auch

entgegen der bei jenen bestehenden Ordnung
Vereinigungen bilden würde ..."[2]

Von dieser Überzeugung her haben die Wider-
standskämpfer gegen das Naziregime und gegen
andere totalitäre Regime gehandelt und so dem
Recht und der Menschheit als ganzer einen
Dienst erwiesen. Für diese Menschen war es
unbestreitbar evident, dass geltendes Recht in
Wirklichkeit Unrecht war. Aber bei den Entscheidungen eines demokratischen Politikers ist die
Frage, was nun dem Gesetz der Wahrheit ent-
spreche, was wahrhaft recht sei und Gesetz werden könne, nicht ebenso evident. Was in Bezug
auf die grundlegenden anthropologischen Fragen
das Rechte ist und geltendes Recht werden kann,
liegt heute keineswegs einfach zutage. Die Frage, wie man das wahrhaft Rechte erkennen und
so der Gerechtigkeit in der Gesetzgebung dienen
kann, war nie einfach zu beantworten, und sie ist
heute in der Fülle unseres Wissens und unseres
Könnens noch sehr viel schwieriger geworden.
Wie erkennt man, was recht ist? In der Geschichte

---

2 *Contra Celsum* GCS Orig. 428 (Koetschau); vgl. A. Fürst, *Mono-
theismus und Monarchie. Zum Zusammenhang von Heil und Herrschaft in der Antike.* In: Theol.Phil. 81 (2006) 321-338; Zitat S.
336; vgl. auch J. Ratzinger, *Die Einheit der Nationen. Eine Vision
der Kirchenväter* (Salzburg – München 1971) 60.

sind Rechtsordnungen fast durchgehend religiös begründet worden: Vom Blick auf die Gottheit her wird entschieden, was unter Menschen rechtens ist. Im Gegensatz zu anderen großen Religionen hat das Christentum dem Staat und der Gesellschaft nie ein Offenbarungsrecht, nie eine Rechtsordnung aus Offenbarung vorgegeben. Es hat stattdessen auf Natur und Vernunft als die wahren Rechtsquellen verwiesen – auf den Zusammenklang von objektiver und subjektiver Vernunft, der freilich das Gegründetsein beider Sphären in der schöpferischen Vernunft Gottes voraussetzt. Die christlichen Theologen haben sich damit einer philosophischen und juristischen Bewegung angeschlossen, die sich seit dem 2. Jahrhundert v. Chr. gebildet hatte. In der ersten Hälfte des 2. vorchristlichen Jahrhunderts kam es zu einer Begegnung zwischen dem von stoischen Philosophen entwickelten sozialen Naturrecht und verantwortlichen Lehrern des römischen Rechts.[3] In dieser Berührung ist die abendländische Rechtskultur geboren worden, die für die Rechtskultur der Menschheit von entscheidender Bedeutung war und ist. Von dieser vorchristlichen Verbindung

---

3 Vgl. W. Waldstein, *Ins Herz geschrieben. Das Naturrecht als Fundament einer menschlichen Gesellschaft* (Augsburg 2010) 11ff; 31-61.

von Recht und Philosophie geht der Weg über das christliche Mittelalter in die Rechtsentfaltung der Aufklärungszeit bis hin zur Erklärung der Menschenrechte und bis zu unserem deutschen Grundgesetz, mit dem sich unser Volk 1949 zu den „unverletzlichen und unveräußerlichen Menschenrechten als Grundlage jeder menschlichen Gemeinschaft, des Friedens und der Gerechtigkeit in der Welt" bekannt hat.

Für die Entwicklung des Rechts und für die Entwicklung der Humanität war es entscheidend, dass sich die christlichen Theologen gegen das vom Götterglauben geforderte religiöse Recht auf die Seite der Philosophie gestellt, Vernunft und Natur in ihrem Zueinander als die für alle gültige Rechtsquelle anerkannt haben. Diesen Entscheid hatte schon Paulus im Brief an die Römer vollzogen, wenn er sagt: „Wenn Heiden, die das Gesetz (die Tora Israels) nicht haben, von Natur aus das tun, was im Gesetz gefordert ist, so sind sie ... sich selbst Gesetz. Sie zeigen damit, dass ihnen die Forderung des Gesetzes ins Herz geschrieben ist; ihr Gewissen legt Zeugnis davon ab ..." (Röm 2,14f). Hier erscheinen die beiden Grundbegriffe Natur und Gewissen, wobei Gewissen nichts anderes ist als das hörende Herz Salomons, als die der Sprache des Seins geöffnete Vernunft. Wenn damit bis in die Zeit der Aufklärung, der Menschenrechtserklärung nach dem Zweiten Weltkrieg und in der Gestaltung unseres Grundgesetzes die Frage nach den Grundlagen der Gesetzgebung geklärt schien, so hat sich im letzten halben Jahrhundert eine dramatische Veränderung der Situation zugetragen. Der Gedanke des Naturrechts gilt heute als eine katholische Sonderlehre, über die außerhalb des katholischen Raums zu diskutieren nicht lohnen würde, so dass man sich schon beinahe schämt, das Wort überhaupt zu erwähnen. Ich möchte kurz andeuten, wieso diese Situation entstanden ist. Grundlegend ist zunächst die These, dass zwischen Sein und Sollen ein unüberbrückbarer Graben bestehe. Aus Sein könne kein Sollen folgen, weil es sich da um zwei völlig verschiedene Bereiche handle. Der Grund dafür ist das inzwischen fast allgemein angenommene positivistische Verständnis von Natur. Wenn man die Natur – mit den Worten von H. Kelsen – als „ein Aggregat von als Ursache und Wirkung miteinander verbundenen Seinstatsachen" ansieht, dann kann aus ihr in der Tat keine irgendwie geartete ethische Weisung hervorgehen.[4] Ein posi-

---

4 Waldstein, a.a.O., 15–21.

tivistischer Naturbegriff, der die Natur rein funk-
tional versteht, so wie die Naturwissenschaft sie
erkennt, kann keine Brücke zu Ethos und Recht
herstellen, sondern wiederum nur funktionale
Antworten hervorrufen. Das Gleiche gilt aber
auch für die Vernunft in einem positivistischen,
weithin als allein wissenschaftlich angesehenen
Verständnis. Was nicht verifizierbar oder falsifi-
zierbar ist, gehört danach nicht in den Bereich
der Vernunft im strengen Sinn. Deshalb müssen
Ethos und Religion dem Raum des Subjektiven
zugewiesen werden und fallen aus dem Bereich
der Vernunft im strengen Sinn des Wortes heraus. Wo die alleinige Herrschaft der positivistischen Vernunft gilt – und das ist in unserem
öffentlichen Bewusstsein weithin der Fall –,
da sind die klassischen Erkenntnisquellen für
Ethos und Recht außer Kraft gesetzt. Dies ist
eine dramatische Situation, die alle angeht und
über die eine öffentliche Diskussion notwendig
ist, zu der dringend einzuladen eine wesentliche
Absicht dieser Rede bildet.

Das positivistische Konzept von Natur und Vernunft, die positivistische Weltsicht als Ganze ist
ein großartiger Teil menschlichen Erkennens
und menschlichen Könnens, auf die wir keines-
falls verzichten dürfen. Aber es ist nicht selbst

als Ganzes eine dem Menschsein in seiner Weite entsprechende und genügende Kultur. Wo die
positivistische Vernunft sich allein als die genügende Kultur ansieht und alle anderen kulturellen Realitäten in den Status der Subkultur
verbannt, da verkleinert sie den Menschen, ja
sie bedroht seine Menschlichkeit. Ich sage das
gerade im Hinblick auf Europa, in dem weite
Kreise versuchen, nur den Positivismus als gemeinsame Kultur und als gemeinsame Grundlage für die Rechtsbildung anzuerkennen, alle
übrigen Einsichten und Werte unserer Kultur in
den Status einer Subkultur verweisen und damit
Europa gegenüber den anderen Kulturen der
Welt in einen Status der Kulturlosigkeit gerückt
und zugleich extremistische und radikale Strö-
mungen herausgefordert werden. Die sich exklu-
siv gebende positivistische Vernunft, die über
das Funktionieren hinaus nichts wahrnehmen
kann, gleicht den Betonbauten ohne Fenster, in
denen wir uns Klima und Licht selber geben,
beides nicht mehr aus der weiten Welt Gottes be-
ziehen wollen. Und dabei können wir uns doch
nicht verbergen, dass wir in dieser selbst ge-
machten Welt im Stillen doch aus den Vorräten
Gottes schöpfen, die wir zu unseren Produkten
umgestalten. Die Fenster müssen wieder aufge-

rissen werden, wir müssen wieder die Weite der
Welt, den Himmel und die Erde sehen und all
dies recht zu gebrauchen lernen.

Aber wie geht das? Wie finden wir in die Weite,
ins Ganze? Wie kann die Vernunft wieder ihre
Größe finden, ohne ins Irrationale abzugleiten?
Wie kann die Natur wieder in ihrer wahren Tiefe, in ihrem Anspruch und mit ihrer Weisung
erscheinen? Ich erinnere an einen Vorgang in
der jüngeren politischen Geschichte, in der
Hoffnung, nicht allzu sehr missverstanden zu
werden und nicht zu viele einseitige Polemiken
hervorzurufen. Ich würde sagen, dass das Auftreten der ökologischen Bewegung in der deutschen Politik seit den 70er Jahren zwar wohl
nicht Fenster aufgerissen hat, aber ein Schrei
nach frischer Luft gewesen ist und bleibt, den
man nicht überhören darf und nicht beiseite
schieben kann, weil man zu viel Irrationales
darin findet. Jungen Menschen war bewusst geworden, dass irgendetwas in unserem Umgang
mit der Natur nicht stimmt. Dass Materie nicht
nur Material für unser Machen ist, sondern dass
die Erde selbst ihre Würde in sich trägt und wir
ihrer Weisung folgen müssen. Es ist wohl klar,
dass ich hier nicht Propaganda für eine bestimmte politische Partei mache – nichts liegt mir fer-

ner als dies. Wenn in unserem Umgang mit der Wirklichkeit etwas nicht stimmt, dann müssen wir alle ernstlich über das Ganze nachdenken und sind alle auf die Frage nach den Grundlagen unserer Kultur überhaupt verwiesen. Erlauben Sie mir bitte, dass ich noch einen Augenblick bei diesem Punkt bleibe. Die Bedeutung der Ökologie ist inzwischen unbestritten. Wir müssen auf die Sprache der Natur hören und entsprechend antworten. Ich möchte aber nachdrücklich einen Punkt ansprechen, der nach wie vor – wie mir scheint – ausgeklammert wird: Es gibt auch eine Ökologie des Menschen. Auch der Mensch hat eine Natur, die er achten muss und die er nicht beliebig manipulieren kann. Der Mensch ist nicht nur sich selbst machende Freiheit. Der Mensch macht sich nicht selbst. Er ist Geist und Wille, aber er ist auch Natur, und sein Wille ist dann recht, wenn er auf die Natur achtet, sie hört und sich annimmt als der, der er ist und der sich nicht selbst gemacht hat. Gerade so und nur so vollzieht sich wahre menschliche Freiheit.

Kehren wir zurück zu den Grundbegriffen Natur und Vernunft, von denen wir ausgegangen waren. Der große Theoretiker des Rechtspositivismus, Kelsen, hat im Alter von 84 Jahren – 1965 – den Dualismus von Sein und Sollen aufgegeben. (Es tröstet mich, dass man mit 84 Jahren offenbar noch etwas Vernünftiges denken kann.) Er hatte früher gesagt, dass Normen nur aus dem Willen kommen können. Die Natur könnte folglich Normen nur enthalten – so fügt er hinzu –, wenn ein Wille diese Normen in sie hineingelegt hätte. Dies wiederum – sagt er – würde einen Schöpfergott voraussetzen, dessen Wille in die Natur mit eingegangen ist. „Über die Wahrheit dieses Glaubens zu diskutieren, ist völlig aussichtslos", bemerkt er dazu.[5] Wirklich? – möchte ich fragen. Ist es wirklich sinnlos zu bedenken, ob die objektive Vernunft, die sich in der Natur zeigt, nicht eine schöpferische Vernunft, einen Creator Spiritus voraussetzt?

An dieser Stelle müsste uns das kulturelle Erbe Europas zu Hilfe kommen. Von der Überzeugung eines Schöpfergottes her ist die Idee der Menschenrechte, die Idee der Gleichheit aller Menschen vor dem Recht, die Erkenntnis der Unantastbarkeit der Menschenwürde in jedem einzelnen Menschen und das Wissen um die Verantwortung der Menschen für ihr Handeln entwickelt worden. Diese Erkenntnisse der Vernunft bilden unser kulturelles Gedächtnis. Es zu

5 Zitiert nach Waldstein, a.a.O., 19.

ignorieren oder als bloße Vergangenheit zu betrachten, wäre eine Amputation unserer Kultur insgesamt und würde sie ihrer Ganzheit berauben. Die Kultur Europas ist aus der Begegnung von Jerusalem, Athen und Rom – aus der Begegnung zwischen dem Gottesglauben Israels, der philosophischen Vernunft der Griechen und dem Rechtsdenken Roms entstanden. Diese dreifache Begegnung bildet die innere Identität Europas. Sie hat im Bewusstsein der Verantwortung des Menschen vor Gott und in der Anerkennung der unantastbaren Würde des Menschen, eines jeden Menschen, Maßstäbe des Rechts gesetzt, die zu verteidigen uns in unserer historischen Stunde aufgegeben ist.

Dem jungen König Salomon ist in der Stunde seiner Amtsübernahme eine Bitte freigestellt worden. Wie wäre es, wenn uns, den Gesetzgebern von heute, eine Bitte freigestellt würde? Was würden wir erbitten? Ich denke, auch heute könnten wir letztlich nichts anderes wünschen als ein hörendes Herz – die Fähigkeit, Gut und Böse zu unterscheiden und so wahres Recht zu setzen, der Gerechtigkeit zu dienen und dem Frieden. Ich danke Ihnen für Ihre Aufmerksamkeit!

Begegnung mit Repräsentanten der Jüdischen Gemeinde im Berliner Reichstagsgebäude

22. September 2011

Sehr geehrte Damen und Herren,
liebe Freunde!

Ich freue mich ehrlich über diese Zusammenkunft mit Ihnen hier in Berlin. Ganz herzlich danke ich Herrn Präsident Dr. Dieter Graumann für die freundlichen und auch für seine nachdenklichen Worte. Sie machen mir deutlich, wie viel Vertrauen gewachsen ist zwischen dem jüdischen Volk und der katholischen Kirche, die einen nicht unwesentlichen Teil ihrer grundlegenden Traditionen gemeinsam haben, wie Sie betonten. Zugleich ist uns allen klar, dass ein liebendes, verstehendes Ineinander von Israel und Kirche im jeweiligen Respekt für das Sein des anderen immer noch weiter wachsen muss und tief in die Verkündigung des Glaubens einzubeziehen ist.

Bei meinem Besuch in der Kölner Synagoge vor sechs Jahren sprach Rabbiner Teitelbaum über die Erinnerung als eine der Säulen, die man braucht, um darauf eine friedliche Zukunft zu gründen. Und heute befinde ich mich an einem zentralen Ort der Erinnerung, der schrecklichen Erinnerung, dass von hier aus die Shoah, die Vernichtung der jüdischen Mitbürger in Europa geplant und organisiert wurde. In Deutschland lebten vor dem Naziterror ungefähr eine halbe Million Juden, die einen festen Bestandteil der deutschen Gesellschaft bildeten. Nach dem Zweiten Weltkrieg galt Deutschland als das „Land der Shoah", in dem man eigentlich nicht mehr leben konnte als Jude. Es gab zunächst kaum Anstrengungen, die alten jüdischen Gemeinden neu zu begründen, auch wenn von Osten her stetig jüdische Einzelpersonen und Familien einreisten. Viele von ihnen wollten auswandern und sich vor allem in den Vereinigten Staaten oder in Israel eine neue Existenz aufbauen.

An diesem Ort muss auch erinnert werden an die Pogromnacht vom 9. auf den 10. November 1938. Nur wenige sahen die ganze Tragweite dieser menschenverachtenden Tat, wie der Berliner Dompropst Bernhard Lichtenberg, der von der Kanzel der Sankt-Hedwigs-Kathedrale den Gläubigen zurief: „Draußen brennt der Tempel – das ist auch ein Gotteshaus". Die nationalso-

sche Schreckensherrschaft gründete auf einem
rassistischen Mythos, zu dem die Ablehnung des
Gottes Abrahams, Isaaks und Jakobs, des Gottes
Jesu Christi und der an ihn glaubenden Menschen gehörte. Der „Allmächtige", von dem Adolf
Hitler sprach, das war ein heidnisches Idol, das
Ersatz sein wollte für den biblischen Gott, den
Schöpfer und Vater aller Menschen. Mit der Ver-
weigerung der Achtung vor diesem einen Gott
geht immer auch die Achtung vor der Würde des
Menschen verloren. Wozu der Mensch, der Gott
ablehnt, fähig ist, und welches Gesicht ein Volk
im Nein zu diesem Gott haben kann, haben die
schrecklichen Bilder aus den Konzentrationsla-
gern bei Kriegsende gezeigt.

Angesichts dieser Erinnerung ist dankbar fest-
zustellen, dass sich seit einigen Jahrzehnten
eine neue Entwicklung zeigt, bei der man gera-
dezu von einem Aufblühen jüdischen Lebens in
Deutschland sprechen kann. Es ist hervorzuhe-
ben, dass sich die jüdische Gemeinschaft in dieser Zeit besonders um die Integration osteuro-
päischer Einwanderer verdient gemacht hat.

Dankbar möchte ich auch auf den sich vertie-
fenden Dialog zwischen der katholischen Kirche und dem Judentum hinweisen. Die Kirche
empfindet eine große Nähe zum jüdischen Volk.

Mit der Erklärung *Nostra aetate* des Zweiten Vatikanischen Konzils wurde ein „unwiderruflicher Weg des Dialogs, der Brüderlichkeit und der Freundschaft" eingeschlagen (vgl. Rede in der Synagoge in Rom, 17. Januar 2010). Dies gilt für die katholische Kirche als Ganze, in der der selige Papst Johannes Paul II. sich besonders intensiv für diesen neuen Weg eingesetzt hat. Es gilt selbstverständlich auch für die katholische Kirche in Deutschland, die sich ihrer besonderen Verantwortung in dieser Sache bewusst ist. In der Öffentlichkeit wird vor allem die „Woche der Brüderlichkeit" wahrgenommen, die von den lokalen Gesellschaften für Christlich-Jüdische Zusammenarbeit jedes Jahr in der ersten Märzwoche organisiert wird.

Von katholischer Seite gibt es zudem jährliche Treffen zwischen Bischöfen und Rabbinern sowie strukturierte Gespräche mit dem Zentralrat der Juden. Schon in den 70er Jahren trat das Zentralkomitee der deutschen Katholiken (ZdK) mit der Errichtung eines Gesprächskreises „Juden und Christen" hervor, der in fundierter Weise im Laufe der Jahre viele hilfreiche Verlautbarungen hervorgebracht hat. Und nicht unerwähnt lassen möchte ich das historische Treffen im März 2006 für den jüdisch-christlichen Dialog unter Beteiligung von Kardinal Walter Kasper. Diese Zusammenarbeit trägt Früchte.

Neben diesen wichtigen Initiativen scheint mir, dass wir Christen uns auch immer mehr unserer inneren Verwandtschaft mit dem Judentum klar werden müssen, von der Sie gesprochen haben. Für Christen kann es keinen Bruch im Heilsgeschehen geben. Das Heil kommt nun einmal von den Juden (vgl. Joh 4,22). Wo der Konflikt Jesu mit dem Judentum seiner Zeit in oberflächlicher Manier als eine Loslösung vom Alten Bund gesehen wird, wird er auf die Idee einer Befreiung hinauslaufen, die die Tora nur als sklavische Befolgung von Riten und äußeren Observanzen missdeutet. Tatsächlich hebt aber die Bergpredigt das mosaische Gesetz nicht auf, sondern enthüllt seine verborgenen Möglichkeiten und lässt neue Ansprüche hervortreten. Sie verweist uns auf den tiefsten Grund menschlichen Tuns, das Herz, wo der Mensch zwischen dem Reinen und dem Unreinen wählt, wo sich Glaube, Hoffnung und Liebe entfalten.

Die Hoffnungsbotschaft, die die Bücher der hebräischen Bibel und des christlichen Alten Testaments überliefern, ist von Juden und Christen in unterschiedlicher Weise angeeignet und weitergeführt worden. „Wir erkennen es nach

Jahrhunderten des Gegeneinanders als unsere heutige Aufgabe, dass diese beiden Weisen der Schriftlektüre – die christliche und die jüdische – miteinander in Dialog treten müssen, um Gottes Willen und Wort recht zu verstehen" (*Jesus von Nazareth. Zweiter Teil: Vom Einzug in Jerusalem bis zur Auferstehung*, S. 49) Dieser Dialog soll die gemeinsame Hoffnung auf Gott in einer zunehmend säkularen Gesellschaft stärken. Ohne diese Hoffnung verliert die Gesellschaft ihre Humanität.

Insgesamt dürfen wir feststellen, dass der Austausch der katholischen Kirche mit dem Judentum in Deutschland schon verheißungsvolle Früchte getragen hat. Beständige vertrauensvolle Beziehungen sind gewachsen. Juden und Christen haben gewiss eine gemeinsame Verantwortung für die Entwicklung der Gesellschaft, die immer auch eine religiöse Dimension hat. Mögen alle Beteiligten diesen Weg gemeinsam weitergehen. Dazu schenke der Einzige und Allmächtige, *Ha Kadosch Baruch Hu*, seinen Segen. Ich danke Ihnen.

Eucharistiefeier im Olympiastadion Berlin

22. September 2011

Tagesgebet

Lasset uns beten.
Allmächtiger Gott,
sieh gnädig auf deine Kirche
und gib,
dass sie allezeit
dein heiliges Volk bleibt,
dessen Einheit ihren Ursprung hat
in der Einheit des Vaters
und des Sohnes und des Heiligen Geistes.
Offenbare durch sie der Welt das Geheimnis
deiner Einheit und Heiligkeit
und vollende uns in deiner Liebe.
Darum bitten wir durch Jesus Christus,
deinen Sohn,
unseren Herrn und Gott,
der in der Einheit des Heiligen Geistes
mit dir lebt und herrscht in alle Ewigkeit.
Amen.

Der wahre Weinstock

Ich bin der wahre Weinstock und mein Vater ist der Winzer. Jede Rebe an mir, die keine Frucht bringt, schneidet er ab und jede Rebe, die Frucht bringt, reinigt er, damit sie mehr Frucht bringt. Ihr seid schon rein durch das Wort, das ich zu euch gesagt habe. Bleibt in mir, dann bleibe ich in euch. Wie die Rebe aus sich keine Frucht bringen kann, sondern nur, wenn sie am Weinstock bleibt, so könnt auch ihr keine Frucht bringen, wenn ihr nicht in mir bleibt. Ich bin der Weinstock, ihr seid die Reben. Wer in mir bleibt und in wem ich bleibe, der bringt reiche Frucht; denn getrennt von mir könnt ihr nichts vollbringen. Wer nicht in mir bleibt, wird wie die Rebe weggeworfen und er verdorrt. Man sammelt die Reben, wirft sie ins Feuer und sie verbrennen. Wenn ihr in mir bleibt und wenn meine Worte in euch bleiben, dann bittet um alles, was ihr wollt: Ihr werdet es erhalten. Mein Vater wird dadurch verherrlicht, dass ihr reiche Frucht bringt und meine Jünger werdet.

Johannes 15,1–8

Liebe Mitbrüder im Bischofs- und Priesteramt!
Liebe Schwestern und Brüder!

Der Blick in das weite Olympiastadion, das ihr in
großer Zahl heute füllt, weckt in mir große Freude und Zuversicht. Sehr herzlich grüße ich euch
alle – die Gläubigen aus dem Erzbistum Berlin
und den Diözesen Deutschlands wie auch die
vielen Pilger aus den benachbarten Ländern. 15
Jahre ist es her, dass erstmals ein Papst in die
Bundeshauptstadt Berlin gekommen ist. Der Besuch meines verehrten Vorgängers, des seligen
Johannes Paul II., und die Seligsprechung des
Berliner Dompropstes Bernhard Lichtenberg –
zusammen mit Karl Leisner – eben hier an diesem Ort ist uns allen, auch mir persönlich, in
sehr lebendiger Erinnerung.
Wenn wir an diese Seligen und an die Schar der
Heiligen und Seligen insgesamt denken, können wir begreifen, was es heißt, als Rebzweige
des wahren Weinstocks Christus zu leben und
Frucht zu tragen. Das heutige Evangelium hat
das Bild neu vergegenwärtigt, dieses im Orient
üppig rankenden Gewächses und Sinnbilds von
Lebenskraft, eine Metapher für die Schönheit
und Dynamik der Gemeinschaft Jesu mit seinen
Jüngern und Freunden mit uns.

Im Gleichnis vom Weinstock sagt Jesus nicht: „Ihr seid der Weinstock", sondern: „Ich bin der Weinstock – ihr seid die Reben" (Joh 15,5). Das heißt: „So wie die Rebzweige mit dem Weinstock verbunden sind, so gehört ihr zu mir! Indem ihr aber zu mir gehört, gehört ihr auch zueinander." Und dieses Zueinander- und Zu-ihm-Gehören ist nicht irgendein ideales, gedachtes, symbolisches Verhältnis, sondern – fast möchte ich sagen – ein biologisches, ein lebensvolles Zu-Jesus-Christus-Gehören. Das ist die Kirche, diese Lebensgemeinschaft mit Jesus Christus und füreinander, die durch die Taufe begründet und in der Eucharistie von Mal zu Mal vertieft und verlebendigt wird. „Ich bin der wahre Weinstock", das heißt doch eigentlich: „Ich bin ihr und ihr seid ich" – eine unerhörte Identifikation des Herrn mit uns, mit seiner Kirche.

Christus selber hat damals vor Damaskus den Kirchenverfolger Saulus gefragt: „Warum verfolgst du mich?" (Apg 9,4). Damit drückt der Herr die Gemeinsamkeit des Schicksals aus, die sich aus der innigen Lebensgemeinschaft seiner Kirche mit ihm, dem Auferstandenen, ergibt. Er lebt in seiner Kirche in dieser Welt fort. Er ist bei uns und wir mit ihm. – „Warum verfolgst du mich?" – Es ist letztlich Jesus, den die Verfolger

seiner Kirche treffen wollen. Und zugleich heißt
das, dass wir, wenn wir um unseres Glaubens
willen bedrängt werden, nicht allein sind. Jesus
Christus ist bei uns und mit uns.

Im Gleichnis sagt der Herr Jesus noch einmal:
„Ich bin der wahre Weinstock, und mein Vater
ist der Winzer" (Joh 15,1), und er führt aus, dass
der Winzer zum Messer greift, die dürren Reben
abschneidet und die fruchttragenden reinigt, so
dass sie mehr Frucht bringen. Gott will – um es
mit dem Bild des Propheten Ezechiel zu sagen,
das wir in der ersten Lesung gehört haben – das
tote, steinerne Herz aus unserer Brust nehmen,
und uns ein lebendiges Herz aus Fleisch geben
(vgl. Ez 36,26), ein Herz der Liebe, der Güte und
des Friedens. Er will uns neues, kraftvolles Leben schenken. Christus ist gekommen, die Sünder zu rufen. Sie brauchen den Arzt, nicht die
Gesunden (vgl. Lk 5,31f). Und so ist, wie das
Zweite Vatikanische Konzil sagt, die Kirche das
„universale Heilssakrament" (LG 48), das für die
Sünder, für uns da ist, um uns den Weg der Umkehr, der Heilung und des Lebens zu eröffnen.
Das ist die immerwährende große Sendung der
Kirche, die ihr von Christus übertragen ist.

Manche bleiben mit ihrem Blick auf die Kirche
an ihrer äußeren Gestalt hängen. Dann erscheint

die Kirche nurmehr als eine der vielen Organisationen innerhalb einer demokratischen Gesellschaft, nach deren Maßstäben und Gesetzen dann auch die so sperrige Größe „Kirche" zu beurteilen und zu behandeln ist. Wenn dann auch noch die leidvolle Erfahrung dazukommt, dass es in der Kirche gute und schlechte Fische, Weizen und Unkraut gibt, und der Blick auf das Negative fixiert bleibt, dann erschließt sich das große und schöne Mysterium der Kirche nicht mehr.

Dann kommt auch keine Freude mehr auf über die Zugehörigkeit zu diesem Weinstock „Kirche". Es verbreiten sich Unzufriedenheit und Missvergnügen, wenn man die eigenen oberflächlichen und fehlerhaften Vorstellungen von „Kirche", die eigenen „Kirchenträume" nicht verwirklicht sieht! Da verstummt dann auch das frohe „Dank sei dem Herrn, der mich aus Gnad' in seine Kirche berufen hat", das Generationen von Katholiken mit Überzeugung gesungen haben.

Aber kehren wir zum Evangelium zurück. Der Herr fährt so fort: „Bleibt in mir, dann bleibe ich in euch. Wie die Rebe aus sich keine Frucht bringen kann, sondern nur, wenn sie am Weinstock bleibt, so könnt auch ihr keine Frucht bringen, wenn ihr nicht in mir bleibt, ... denn getrennt von mir – wir könnten auch übersetzen: außerhalb von mir – könnt ihr nichts vollbringen" (Joh 15,4).

Vor diese Entscheidung ist jeder von uns gestellt. Wie ernst sie ist, sagt uns der Herr wiederum in seinem Gleichnis: „Wer nicht in mir bleibt, wird wie die Rebe weggeworfen, und er verdorrt. Man sammelt die weggeworfenen Reben, wirft sie ins Feuer, und sie verbrennen" (Joh 15,6). Dazu kommentiert der heilige Augustinus: „Eines von beiden kommt der Rebe zu, entweder der Weinstock oder das Feuer; wenn sie nicht im Weinstock ist, wird sie im Feuer sein; damit sie also nicht im Feuer sei, möge sie im Weinstock sein" (*In Ioan. Ev. tract.* 81,3 [PL 35, 1842]).

Die hier geforderte Wahl macht uns eindringlich die grundlegende Bedeutung unserer Lebensentscheidung bewusst. Aber zugleich ist das Bild vom Weinstock ein Zeichen der Hoffnung und der Zuversicht. Christus selbst ist durch seine Menschwerdung in diese Welt gekommen, um unser Wurzelgrund zu sein. In aller Not und Dürre ist er die Quelle, die das Wasser des Lebens schenkt, die uns nährt und stärkt. Er selbst nimmt alle Sünde, Angst und Leid auf sich und reinigt und verwandelt uns schließlich geheimnisvoll in gute Reben, die guten Wein bringen. Manchmal fühlen wir uns in solchen Stunden der Not wie in die Kelter geraten, wie Trauben, die völlig ausgepresst werden. Aber wir wissen, mit Christus verbunden werden wir zu reifem Wein. Auch das Schwere und Bedrückende unseres Lebens weiß Gott in Liebe zu verwandeln. Wichtig ist, dass wir am Weinstock, bei Christus „bleiben". Der Evangelist verwendet das Wort „bleiben" in diesem kurzen Abschnitt ein Dutzend Mal. Dieses „In-Christus-Bleiben" prägt das ganze Gleichnis. In unserer Zeit der Rastlosigkeit und Beliebigkeit, wo so viele Menschen Orientierung und Halt verlieren, wo die Treue der Liebe in Ehe und Freundschaft so zerbrechlich und kurzlebig geworden ist, wo wir in unserer Not wie die Emmausjünger rufen wollen: „Herr, bleibe bei uns, denn es ist Abend (vgl. Lk 24,29), es ist Dunkel um uns!" In dieser Zeit schenkt uns der Auferstandene eine Bleibe, einen Ort des Lichtes, der Hoffnung und der Zuversicht, der Ruhe und der Geborgenheit. Wo den Rebzweigen Dürre und Tod drohen, da ist in Christus Zukunft, Leben und Freude. Da ist immer Vergebung und Neubeginn, Verwandlung in seine Liebe hinein. In Christus bleiben heißt, wie wir bereits gesehen haben, auch in der Kirche bleiben. Die ganze Gemeinschaft der Gläubigen ist in den Weinstock Christus fest hineinverfügt. In Christus gehören

wir zusammen. In dieser Gemeinschaft trägt er
uns, und zugleich tragen alle Glieder sich gegenseitig. Wir halten gemeinsam stand gegen den
Sturm und geben einander Schutz. Wer glaubt,
ist nicht allein. Wir glauben nicht alleine, wir
glauben mit der ganzen Kirche aller Orten und
Zeiten, mit der Kirche im Himmel und auf der
Erde.

Die Kirche als Verkünderin des Wortes Gottes
und Spenderin der Sakramente verbindet uns
mit Christus, dem wahren Weinstock. Die Kirche
als „Fülle und Ergänzung des Erlösers", wie Pius
XII. sie genannt hat (Pius XII., *Mystici corporis*,
AAS 35 [1943] S. 230: „plenitudo et complemen-
tum Redemptoris"), ist uns Unterpfand des göttlichen Lebens und Vermittlerin der Früchte, von
denen das Gleichnis des Weinstocks spricht. So
ist die Kirche das schönste Geschenk Gottes.
Daher konnte Augustinus sagen: „In dem Maß,
wie einer die Kirche liebt, hat er den Heiligen
Geist" (*In Ioan. Ev. tract.* 32, 8 [PL 35, 1646]). Mit
der Kirche und in der Kirche dürfen wir allen
Menschen verkünden, dass Christus die Quelle
des Lebens ist, dass er da ist, dass er das Große ist, nach dem wir Ausschau halten und uns
sehnen. Er schenkt sich selbst und schenkt uns
damit Gott, das Glück, die Liebe. Wer an Chris-

tus glaubt, hat Zukunft. Denn Gott will nicht das Dürre, das Tote, das Gemachte, das am Ende weggeworfen wird, sondern das Fruchtbare und das Lebendige, das Leben in Fülle, und er gibt uns Leben in Fülle.

Liebe Schwestern und Brüder! Das wünsche ich euch allen, uns allen, dass ihr immer tiefer die Freude entdeckt, in der Kirche mit allen ihren Nöten und Dunkelheiten mit Christus verbunden zu sein, dass ihr in allen Nöten Trost und Erlösung findet, dass wir alle immer mehr zum köstlichen Wein der Freude und der Liebe Christi für diese Welt werden. Amen.

Begegnung mit Repräsentanten der Muslimischen Gemeinde im Empfangssaal der Apostolischen Nuntiatur, Berlin

23. September 2011

Liebe muslimische Freunde!

Ich freue mich, Sie als Vertreter verschiedener muslimischer Gemeinschaften in Deutschland heute hier willkommen zu heißen. Sehr herzlich danke ich Professor Mouhanad Khorchide für die freundlichen Worte der Begrüßung und die tiefen Reflexionen, die er uns vorgelegt hat. Sie zeigen, wie zwischen der katholischen Kirche und den muslimischen Gemeinschaften in Deutschland ein Klima des Respekts und des Vertrauens gewachsen ist und das gemeinsam uns Tragende sichtbar wird.

Berlin ist ein günstiger Ort für ein solches Treffen, nicht nur weil sich hier die älteste Moschee auf Deutschlands Boden befindet, sondern auch weil in Berlin die meisten Muslime im Vergleich zu allen anderen Städten Deutschlands wohnen. Die Anwesenheit zahlreicher muslimischer Familien ist seit den 70er Jahren des vergangenen

Jahrhunderts zunehmend ein Merkmal dieses
Landes geworden. Allerdings wird es notwendig
sein, beständig daran zu arbeiten, sich gegenseitig besser kennenzulernen und zu verstehen.
Dies ist nicht nur für ein friedvolles Zusammenleben wichtig, sondern auch für den Beitrag, den
jeder für den Aufbau des Gemeinwohls in dieser
Gesellschaft zu leisten vermag.

Viele Muslime messen der religiösen Dimension
des Lebens große Bedeutung bei. Das wird zu-
weilen als Provokation aufgefasst in einer Gesellschaft, die dazu neigt, diesen Aspekt an den
Rand zu drängen oder ihn höchstens im Bereich
der privaten Entscheidungen des Einzelnen gel-
ten zu lassen.

Die katholische Kirche setzt sich entschieden
dafür ein, dass der öffentlichen Dimension der
Religionszughörigkeit eine angemessene Anerkennung zuteil wird. In einer überwiegend plu-
ralistischen Gesellschaft wird dieser Anspruch
nicht bedeutungslos. Dabei ist darauf zu achten,
dass der Respekt gegenüber dem anderen stets
gewahrt bleibt. Dieser gegenseitige Respekt füreinander wächst nur auf der Basis des Einver-
nehmens über einige unveräußerliche Werte, die
der Natur des Menschen eigen sind, insbeson-
dere der unverletzlichen Würde jeder einzelnen

Person als Geschöpf Gottes. Dieses Einverneh-
men schränkt den Ausdruck der verschiedenen
Religionen nicht ein; im Gegenteil erlaubt es
jedem Menschen, konstruktiv zu bezeugen, woran er glaubt, ohne sich dem Vergleich mit dem
anderen zu entziehen.

In Deutschland – wie in vielen anderen, nicht
nur westlichen Ländern – ist dieser allgemeine
Bezugsrahmen durch die Verfassung vorgegeben, deren rechtlicher Gehalt für jeden Bürger
verbindlich ist, sei er nun Mitglied einer Glau-
bensgemeinschaft oder nicht.

Sicher ist die Diskussion über die beste Formulierung von Prinzipien wie der öffentlichen Re-
ligionsausübung weitgreifend und immer offen,
allerdings ist die Tatsache bedeutsam, dass das
deutsche Grundgesetz sie nun schon seit über
60 Jahren in einer bis heute gültigen Weise zum
Ausdruck bringt (vgl. Art. 4,2). In ihm finden wir
vor allem jenes gemeinsame Ethos, das Grundlage des menschlichen Zusammenlebens ist und
das in gewisser Weise auch die scheinbar nur
formalen Regeln des Funktionierens der insti-
tutionellen Organe und des demokratischen Lebens prägt.

Wir könnten uns fragen, wieso ein solcher Text,
der in einer radikal verschiedenen geschichtli-

chen Epoche, also in einer fast einheitlich christlichen kulturellen Situation, erarbeitet wurde,
auch für das heutige Deutschland passt, das in
einer Situation einer globalisierten Welt lebt und
durch einen bemerkenswerten Pluralismus im
Bereich der Glaubensüberzeugungen geprägt ist.
Mir scheint, der Grund dafür liegt in der Tatsache, dass den Vätern des Grundgesetzes in
jenem wichtigen Augenblick voll bewusst war,
einen wirklich soliden Grund suchen zu müssen,
auf dem alle Bürger sich wiederfinden konnten
und der für alle tragende Grundlage sein kann
über Verschiedenheiten hinweg. Indem sie so
handelten, auf die Menschenwürde und die Verantwortung vor Gott abzustellen, sahen sie nicht
von der eigenen Glaubenszugehörigkeit ab; für
nicht wenige von ihnen war ja das christliche
Menschenbild die wahre inspirierende Kraft. Sie
wussten aber, dass sich alle Menschen mit anderen konfessionellen und auch nichtreligiösen
Hintergründen auseinandersetzen müssen: Der
gemeinsame Grund für alle wurde in der Anerkennung einiger unveräußerlicher Rechte gefunden, die der menschlichen Natur eigen sind
und jeder positiven Formulierung vorausgehen.
In dieser Weise legte eine damals im wesentlichen homogene Gesellschaft das Fundament,

das wir heute als gültig für eine vom Pluralismus
geprägte Zeit ansehen dürfen. Ein Fundament,
das in Wirklichkeit auch einem solchen Pluralismus seine offensichtlichen Grenzen zeigt: Es ist
nämlich nicht denkbar, dass eine Gesellschaft
sich auf lange Sicht ohne einen Konsens über
die grundlegenden ethischen Werte halten kann.

Liebe Freunde! Auf der Grundlage dessen, was
ich hier angedeutet habe, scheint mir eine fruchtbare Zusammenarbeit zwischen Christen und
Muslimen möglich zu sein. Und damit tragen wir
zum Aufbau einer Gesellschaft bei, die in vieler
Hinsicht von dem, was wir aus der Vergangenheit mitbrachten, verschieden ist. Als Menschen
des Glaubens können wir, von unseren jeweiligen Überzeugungen ausgehend, ein wichtiges
Zeugnis in vielen entscheidenden Bereichen des
gesellschaftlichen Lebens geben. Ich denke hier
z. B. an den Schutz der Familie auf der Grundlage der Ehegemeinschaft, an die Ehrfurcht vor
dem Leben in jeder Phase seines natürlichen
Verlaufs oder an die Förderung einer größeren
sozialen Gerechtigkeit.
Auch deshalb halte ich es für wichtig, einen Tag
der Reflexion, des Dialogs und des Gebets für
Frieden und Gerechtigkeit in der Welt zu bege-

hen. Dies wollen wir, wie Sie wissen, am kommenden 27. Oktober in Assisi durchführen, 25 Jahre nach dem historischen Treffen dort unter der Leitung meines Vorgängers, des seligen Papstes Johannes Paul II. Mit dieser Zusammenkunft wollen wir in schlichter Weise zum Ausdruck bringen, dass wir als Menschen des Glaubens unseren besonderen Beitrag für den Aufbau einer besseren Welt leisten, wobei wir zugleich die Notwendigkeit anerkennen, für die Wirksamkeit unserer Taten im Dialog und in der gegenseitigen Wertschätzung zu wachsen.

Mit diesen Gedanken entbiete ich Ihnen nochmals meinen herzlichen Gruß und danke Ihnen für diese Begegnung, die für den Aufenthalt in meinem Vaterland für mich eine große Bereicherung ist. Vielen Dank für Ihre Aufmerksamkeit!

Begegnung mit Vertretern des Rates der Evangelischen Kirche in Deutschland (EKD) im Augustinerkloster Erfurt

23. September 2011

Liebe Brüder und Schwestern!

Wenn ich hier das Wort ergreife, möchte ich zunächst von Herzen danken, dass wir da zusammenkommen können. Mein besonderer Dank gilt Ihnen, lieber Bruder Präses Schneider, dass Sie mich willkommen geheißen und mich durch Ihre Worte in Ihre Runde aufgenommen haben. Sie haben Ihr Herz geöffnet, den wirklich gemeinsamen Glauben, die Sehnsucht nach Einheit offen ausgedrückt. Und wir freuen uns auch, denn ich glaube, dass diese Sitzung, unsere Begegnungen auch als das Fest der Gemeinsamkeit des Glaubens begangen werden. Ich möchte allen noch danken für das Geschenk von Ihnen, dass wir hier, an diesem historischen Ort miteinander als Christen sprechen dürfen.

Für mich als Bischof von Rom ist es ein tief bewegender Augenblick, hier im alten Augustinerkloster zu Erfurt mit Ihnen zusammenzutreffen.

Wir haben es eben gehört: Hier hat Luther Theologie studiert. Hier ist er zum Priester geweiht worden. Gegen den Wunsch seines Vaters ist er nicht beim Studium der Rechte geblieben, sondern hat Theologie studiert und sich auf den Weg zum Priestertum in der Ordensgemeinschaft des heiligen Augustinus gemacht. Und auf diesem Weg ging es ihm ja nicht um dieses oder jenes. Was ihn umtrieb, war die Frage nach Gott, die die tiefe Leidenschaft und Triebfeder seines Lebens und seines ganzen Weges gewesen ist. „Wie kriege ich einen gnädigen Gott?": Diese Frage hat ihn ins Herz getroffen und stand hinter all seinem theologischen Suchen und Ringen. Theologie war für Luther keine akademische Angelegenheit, sondern das Ringen um sich selbst, und dies wiederum war ein Ringen um Gott und mit Gott.

„Wie kriege ich einen gnädigen Gott?" Dass diese Frage die bewegende Kraft seines ganzen Weges war, trifft mich immer wieder ins Herz. Denn wen kümmert das eigentlich heute noch – auch unter Christenmenschen? Was bedeutet die Frage nach Gott in unserem Leben? In unserer Verkündigung? Die meisten Menschen, auch Christen, setzen doch heute voraus, dass Gott sich für unsere Sünden und Tugenden letztlich nicht interessiert. Er weiß ja, dass wir alle nur Fleisch sind. Und sofern man überhaupt an ein Jenseits und ein Gericht Gottes glaubt, setzen wir doch praktisch fast alle voraus, dass Gott großzügig sein muss und schließlich mit seiner Barmherzigkeit schon über unsere kleinen Fehler hinwegschauen wird. Die Frage bedrängt uns nicht mehr. Aber sind sie eigentlich so klein, unsere Fehler? Wird nicht die Welt verwüstet durch die Korruption der Großen, aber auch der Kleinen, die nur an ihren eigenen Vorteil denken? Wird sie nicht verwüstet durch die Macht der Drogen, die von der Gier nach Leben und nach Geld einerseits, von der Genusssucht andererseits der ihr hingegebenen Menschen lebt? Wird sie nicht bedroht durch die wachsende Bereitschaft zur Gewalt, die sich nicht selten religiös verkleidet? Könnten Hunger und Armut Teile der Welt so verwüsten, wenn in uns die Liebe zu Gott und von ihm her die Liebe zum Nächsten, zu seinen Geschöpfen, den Menschen, lebendiger wäre? Und so könnte man fortfahren. Nein, das Böse ist keine Kleinigkeit. Es könnte nicht so mächtig sein, wenn wir Gott wirklich in die Mitte unseres Lebens stellen würden. Die Frage: Wie steht Gott zu mir, wie stehe ich vor Gott – diese brennende Frage Luthers muss wieder neu und gewiss in neuer Form auch unsere Frage werden, nicht akademisch, sondern real. Ich denke, dass dies der erste Anruf ist, den wir bei der Begegnung mit Martin Luther hören sollten.

Und dann ist wichtig: Gott, der eine Gott, der Schöpfer des Himmels und der Erde, ist etwas anderes als eine philosophische Hypothese über den Ursprung des Kosmos. Dieser Gott hat ein Gesicht, und er hat uns angeredet. Er ist im Menschen Jesus Christus einer von uns geworden – wahrer Gott und wahrer Mensch zugleich. Luthers Denken, seine ganze Spiritualität war durchaus christozentrisch: „Was Christum treibet" war für Luther der entscheidende hermeneutische Maßstab für die Auslegung der Heiligen Schrift. Dies aber setzt voraus, dass Christus die Mitte unserer Spiritualität und dass die Liebe zu ihm, das Mitleben mit ihm unser Leben bestimmt.

Nun könnte man vielleicht sagen: Schön und gut, aber was hat dies alles mit unserer ökumenischen Situation zu tun? Ist dies alles vielleicht nur ein Versuch, sich an den drängenden Problemen vorbeizureden, in denen wir auf praktische Fortschritte, auf konkrete Ergebnisse warten? Ich antwortete darauf: Das Notwendigste für die Ökumene ist zunächst einmal, dass wir nicht unter dem Säkularisierungsdruck die großen Gemeinsamkeiten fast unvermerkt verlieren, die uns überhaupt zu Christen machen und die uns als Gabe und Auftrag geblieben sind. Es war der Fehler des konfessionellen Zeitalters, dass wir weithin nur das Trennende gesehen und gar nicht existentiell wahrgenommen haben, was uns mit den großen Vorgaben der Heiligen Schrift und der altchristlichen Bekenntnisse gemeinsam ist. Es ist für mich der große ökumenische Fortschritt der letzten Jahrzehnte, dass uns diese Gemeinsamkeit bewusst geworden ist, dass wir sie im gemeinsamen Beten und Singen, im gemeinsamen Eintreten für das christliche Ethos der Welt gegenüber, im gemeinsamen Zeugnis für den Gott Jesu Christi in dieser Welt als unsere gemeinsame, unverlierbare Grundlage erkennen.

Freilich, die Gefahr, dass wir sie verlieren, ist nicht irreal. Ich möchte zwei Gesichtspunkte kurz notieren. Die Geografie des Christentums hat sich in jüngster Zeit tiefgehend verändert und ist dabei, sich weiter zu verändern. Vor einer neuen Form von Christentum, die mit einer ungeheuren und in ihren Formen manchmal beängstigenden missionarischen Dynamik sich ausbreitet, stehen die klassischen Konfessionskirchen oft ratlos da. Es ist ein Christentum mit geringer institutioneller Dichte, mit wenig rationalem und mit noch weniger dogmatischem Gepäck, auch mit geringer Stabilität. Dieses weltweite Phänomen – von dem ich von Bischöfen aus aller Welt immer wieder höre – stellt uns alle vor die Frage: Was hat diese neue Form von Christentum uns zu sagen, positiv und negativ? Auf jeden Fall stellt es uns neu vor die Frage, was das bleibend Gültige ist und was anders werden kann oder muss – vor die Frage unserer gläubigen Grundentscheidung.

Tiefgehender und in unserem Land brennender ist die zweite Herausforderung an die ganze Christenheit, von der ich sprechen möchte: der Kontext der säkularisierten Welt, in dem wir heute als Christen unseren Glauben leben und bezeugen müssen. Die Abwesenheit Gottes in unserer Gesellschaft wird drückender, die Geschichte seiner Offenbarung, von der uns die Schrift erzählt, scheint in einer immer weiter sich entfernenden Vergangenheit angesiedelt. Muss man dem Säkularisierungsdruck nachgeben, modern werden durch Verdünnung des Glaubens? Natürlich muss der Glaube heute neu gedacht und vor allem neu gelebt werden, damit er Gegenwart wird. Aber nicht Verdünnung des Glaubens hilft,

sondern nur ihn ganz zu leben in unserem Heute.
Dies ist eine zentrale ökumenische Aufgabe, in
der wir uns gegenseitig helfen müssen: tiefer und
lebendiger zu glauben. Nicht Taktiken retten uns,
retten das Christentum, sondern neu gedachter
und neu gelebter Glaube, durch den Christus und
mit ihm der lebendige Gott in diese unsere Welt
hereintritt. Wie uns die Märtyrer der Nazizeit
zueinander geführt und die große erste ökumenische Öffnung bewirkt haben, so ist auch heute
der in einer säkularisierten Welt von innen ge-
lebte Glaube die stärkste ökumenische Kraft, die
uns zueinander führt, der Einheit in dem einen
Herrn entgegen. Und darum bitten wir Ihn, dass
wir neu den Glauben zu leben lernen und dass
wir so dann eins werden.

Ökumenischer Gottesdienst in der Kirche des Augustinerklosters Erfurt

23. September 2011

Gebet

Lasset uns beten.
Gott, du hast die vielen Völker
im Bekenntnis deines Namens vereint.
Mach uns bereit und fähig,
deinen Willen zu tun,
damit das Volk,
das zu deinem Reich berufen ist,
eins wird im Glauben und in tätiger Liebe.
Darum bitten wir durch Jesus Christus,
deinen Sohn, unseren Herrn und Gott,
der in der Einheit des Heiligen Geistes
mit dir lebt und herrscht in alle Ewigkeit.
Amen.

Jesu Fürbitte für alle Glaubenden

In jener Zeit erhob Jesus seine Augen zum Himmel und sprach: Heiliger Vater, ich bitte nicht nur für diese hier, sondern auch für alle, die durch ihr Wort an mich glauben. Alle sollen eins sein: Wie du, Vater, in mir bist und ich in dir bin, sollen auch sie in uns sein, damit die Welt glaubt, dass du mich gesandt hast. Und ich habe ihnen die Herrlichkeit gegeben, die du mir gegeben hast; denn sie sollen eins sein, wie wir eins sind, ich in ihnen und du in mir. So sollen sie vollendet sein in der Einheit, damit die Welt erkennt, dass du mich gesandt hast und die Meinen ebenso geliebt hast wie mich.

Johannes 17,1.20–23

Liebe Schwestern und Brüder!

„Nicht nur für diese hier bitte ich, sondern auch für alle, die durch ihr Wort an mich glauben" (Joh 17,20) – so hat Jesus im Abendmahlssaal zum Vater gesagt. Er bittet für die künftigen Generationen von Glaubenden. Er blickt über den

Abendmahlssaal hinaus in die Zukunft hinein. Er hat gebetet auch für uns. Und er bittet um unsere Einheit. Dieses Gebet Jesu ist nicht einfach Vergangenheit. Immer steht er fürbittend für uns vor dem Vater, und so steht er in dieser Stunde mitten unter uns und will uns in sein Gebet hineinziehen. Im Gebet Jesu ist der innere Ort unserer Einheit. Wir werden dann eins sein, wenn wir uns in dieses Gebet hineinziehen lassen. Sooft wir uns als Christen im Gebet zusammenfinden, sollte uns dieses Ringen Jesu um uns und mit dem Vater für uns ins Herz treffen. Je mehr wir uns in dieses Geschehen hineinziehen lassen, desto mehr verwirklicht sich Einheit.

Ist das Gebet Jesu unerhört geblieben? Die Geschichte der Christenheit ist sozusagen die sichtbare Seite dieses Dramas, in dem Christus mit uns Menschen ringt und leidet. Immer wieder muss er den Widerspruch zur Einheit erdulden, und doch auch immer wieder vollzieht sich Einheit mit ihm und so mit dem dreieinigen Gott. Wir müssen beides sehen: die Sünde des Menschen, der sich Gott versagt und sich in sein Eigenes zurückzieht, aber auch die Siege Gottes, der die Kirche erhält durch ihre Schwachheit hindurch und immer neu Menschen in sich hineinzieht und so zueinanderführt. Deshalb sollten wir bei einer ökumenischen Begegnung nicht nur die Trennungen und Spaltungen beklagen, sondern Gott für alles danken, was er uns an Einheit erhalten hat und immer neu schenkt. Und diese Dankbarkeit muss zugleich Bereitschaft sein, die so geschenkte Einheit nicht zu verlieren mitten in einer Zeit der Anfechtung und der Gefahren.

Die grundlegende Einheit besteht darin, dass wir an Gott, den Allmächtigen, den Vater, den Schöpfer des Himmels und der Erde glauben, dass wir ihn als den Dreifaltigen bekennen – Vater, Sohn und Heiliger Geist. Die höchste Einheit ist nicht monadische Einsamkeit, sondern Einheit durch Liebe. Wir glauben an Gott – den konkreten Gott. Wir glauben daran, dass Gott zu uns gesprochen hat und einer von uns geworden ist. Diesen lebendigen Gott zu bezeugen ist unsere gemeinsame Aufgabe in der gegenwärtigen Stunde.

Braucht der Mensch Gott, oder geht es auch ohne ihn ganz gut? Wenn in einer ersten Phase der Abwesenheit Gottes sein Licht noch nachleuchtet und die Ordnungen des menschlichen Daseins zusammenhält, so scheint es, dass es auch ohne Gott ganz gut geht. Aber je weiter die Welt sich von Gott entfernt, desto klarer wird, dass der Mensch in der Hybris der Macht, in der Leere des Herzens und im Verlangen nach Erfüllung

und Glück immer mehr das Leben verliert. Der
Durst nach dem Unendlichen ist im Menschen
unausrottbar da. Der Mensch ist auf Gott hin er-
schaffen und braucht ihn. Unser erster ökume-
nischer Dienst in dieser Zeit muss es sein, gemeinsam die Gegenwart des lebendigen Gottes
zu bezeugen und damit der Welt die Antwort zu
geben, die sie braucht. Zu diesem Grundzeug-
nis für Gott gehört natürlich ganz zentral das
Zeugnis für Jesus Christus, wahrer Mensch und
wahrer Gott, der mit uns gelebt hat, für uns gelitten hat und für uns gestorben ist und in der
Auferstehung die Tür des Todes aufgerissen hat.
Liebe Freunde, stärken wir uns in diesem Glauben! Helfen wir uns, ihn zu leben. Dies ist eine
große ökumenische Aufgabe, die uns mitten ins
Gebet Jesu hineinführt.

Die Ernsthaftigkeit des Glaubens an Gott zeigt
sich im Leben seines Wortes. Sie zeigt sich in
unserer Zeit ganz praktisch im Eintreten für das
Geschöpf, das er als sein Ebenbild wollte – für
den Menschen. Wir leben in einer Zeit, in der die
Maßstäbe des Menschseins fraglich geworden
sind. Ethik wird durch das Kalkül der Folgen er-
setzt. Demgegenüber müssen wir als Christen
die unantastbare Würde des Menschen verteidigen, von der Empfängnis bis zum Tod – in den

Fragen der Pränatalen Implantationsdiagnostik bis zur Sterbehilfe. „Nur wer Gott kennt, kennt den Menschen", hat Romano Guardini einmal gesagt. Ohne Erkenntnis Gottes wird der Mensch manipulierbar. Der Glaube an Gott muss sich in unserem gemeinsamen Eintreten für den Menschen konkretisieren. Zum Eintreten für den Menschen gehören nicht nur diese grundlegenden Maßstäbe der Menschlichkeit, sondern vor allem und ganz praktisch die Liebe, wie sie uns Jesus Christus im Gleichnis vom Weltgericht lehrt (Mt 25): Der richtende Gott wird uns danach beurteilen, wie wir den Nächsten, wie wir den Geringsten seiner Brüder begegnet sind. Die Bereitschaft, in den Nöten dieser Zeit über den eigenen Lebensrahmen hinaus zu helfen, ist eine wesentliche Aufgabe des Christen.

Dies gilt, wie gesagt, zunächst im persönlichen Lebensbereich jedes Einzelnen. Aber es gilt dann in der Gemeinschaft eines Volkes und eines Staates, in der wir alle füreinander einstehen müssen. Es gilt für unseren Kontinent, in dem wir zur europäischen Solidarität gerufen sind. Und es gilt endlich über alle Grenzen hinweg: Die christliche Nächstenliebe verlangt heute auch unseren Einsatz für die Gerechtigkeit in der weiten Welt. Ich weiß, dass von den

Deutschen und von Deutschland viel getan wird,
damit allen Menschen ein menschenwürdiges
Dasein ermöglicht wird, und möchte dafür ein
Wort herzlichen Dankes sagen.

Schließlich möchte ich noch eine tiefere Dimension unserer Verpflichtung zur Liebe ansprechen. Die Ernsthaftigkeit des Glaubens zeigt sich vor allem auch dadurch, dass er Menschen inspiriert, sich ganz für Gott und von Gott her für die anderen zur Verfügung zu stellen. Die großen Hilfen werden nur konkret, wenn es vor Ort diejenigen gibt, die ganz für den anderen da sind und damit die Liebe Gottes glaubhaft werden lassen. Solche Menschen sind ein wichtiges Zeichen für die Wahrheit unseres Glaubens.

Im Vorfeld meines Besuches war verschiedentlich von einem ökumenischen Gastgeschenk die Rede, das man sich von einem solchen Besuch erwarte. Die Gaben, die dabei genannt wurden, brauche ich nicht einzeln anzuführen. Dazu möchte ich sagen, dass dies so, wie es meistens erschien, ein politisches Missverständnis des Glaubens und der Ökumene darstellt. Wenn ein Staatsoberhaupt ein befreundetes Land besucht, gehen im allgemeinen Kontakte zwischen den Instanzen voraus, die den Abschluss eines oder auch mehrerer Verträge zwischen den beiden Staaten vorbereiten: In der Abwägung von Vor- und Nachteilen entsteht der Kompromiss, der schließlich für beide Seiten vorteilhaft erscheint, so dass dann das Vertragswerk unterschrieben werden kann. Aber der Glaube der Christen beruht nicht auf einer Abwägung unserer Vor- und Nachteile. Ein selbst gemachter Glaube ist wertlos. Der Glaube ist nicht etwas, was wir ausdenken und aushandeln. Er ist die Grundlage, auf der wir leben. Nicht durch Abwägung von Vor- und Nachteilen, sondern nur durch tieferes Hineindenken und Hineinleben in den Glauben wächst Einheit. Auf solche Weise ist in den letzten 50 Jahren, besonders auch seit dem Besuch von Papst Johannes Paul II. vor 30 Jahren, viel Gemeinsamkeit gewachsen, für die wir nur dankbar sein können. Ich denke gern an die Begegnung mit der von Bischof Lohse geführten Kommission zurück, in der ein solches gemeinsames Hineindenken und Hineinleben in den Glauben geübt wurde. Allen, die daran mitgewirkt haben, von katholischer Seite besonders Kardinal Lehmann, möchte ich herzlichen Dank aussprechen. Ich versage mir, weitere Namen zu nennen – der Herr kennt sie alle. Miteinander können wir alle nur dem Herrn danken für die Wege der Einheit, die er uns geführt hat, und in demütigem Vertrauen einstimmen in sein Gebet: Lass uns eins werden, wie du mit dem Vater eins bist, damit die Welt glaube, dass er dich gesandt hat (vgl. Joh 17,21).

Marianische Vesper in der Wallfahrtskapelle Etzelsbach

23. September 2011

Oration

Allmächtiger Gott,
du hast die Jungfrau Maria
zur Mutter deines ewigen Sohnes erwählt.
Du hast auf deine niedrige Magd geschaut
und sie mit Herrlichkeit gekrönt.
Höre auf ihre Fürsprache
und nimm auch uns in deine Herrlichkeit auf,
da du uns erlöst hast durch den Tod
und die Auferstehung deines Sohnes,
unseres Herrn Jesus Christus,
der in der Einheit des Heiligen Geistes
mit dir lebt und herrscht
in alle Ewigkeit.
Amen.

Die Hoffnung auf die Erlösung der Welt

Wir wissen, dass Gott bei denen, die ihn lieben, alles zum Guten führt, bei denen, die nach seinem ewigen Plan berufen sind; denn alle, die er im Voraus erkannt hat, hat er auch im Voraus dazu bestimmt, an Wesen und Gestalt seines Sohnes teilzuhaben, damit dieser der Erstgeborene von vielen Brüdern sei. Die aber, die er vorausbestimmt hat, hat er auch berufen, und die er berufen hat, hat er auch gerecht gemacht; die er aber gerecht gemacht hat, die hat er auch verherrlicht.

Röm 8,28–30

Liebe Schwestern und Brüder!

Ganz herzlich möchte ich euch alle begrüßen,
die ihr hier zu dieser Gebetsstunde nach Etzelsbach gekommen seid. Ich habe seit meiner
Jugend so viel vom Eichsfeld gehört, dass ich
dachte, ich muss es einmal sehen und mit euch
zusammen beten. Ich danke herzlich Bischof
Wanke, der mir euern Landstrich vorgestellt
hat schon im Herfliegen, und ich danke euern
Sprechern und Vertretern, die mir sinnbildliche
Gaben eures Landes überreicht haben und mir
zugleich die Vielfalt dieses Landes wenigstens
andeuten konnten.

So bin ich sehr glücklich, dass mein Wunsch
in Erfüllung gegangen ist, das Eichsfeld zu besuchen und hier in Etzelsbach mit euch zusammen Maria zu danken. „Hier im trauten stillen
Tal", heißt es in einem Wallfahrtslied, „unter den
alten Linden" schenkt uns Maria Geborgenheit
und neue Kraft. In zwei gottlosen Diktaturen, die
es darauf anlegten, den Menschen ihren ange-
stammten Glauben zu nehmen, waren sich die
Eichsfelder gewiss, hier am Gnadenort Etzelsbach eine offene Tür und eine Stätte inneren
Friedens zu finden. Die besondere Freundschaft
zu Maria, die daraus gewachsen ist, wollen wir –

auch mit dieser heutigen Marienvesper – weiter pflegen.

Wenn sich Christen zu allen Zeiten und an allen Orten an Maria wenden, dann lassen sie sich dabei von der spontanen Gewissheit leiten, dass Jesus seiner Mutter ihre Bitten nicht abschlagen kann; und sie stützen sich auf das unerschütterliche Vertrauen, dass Maria zugleich auch unsere Mutter ist – eine Mutter, die das größte aller Leiden erfahren hat, alle unsere Nöte mitempfindet und mütterlich auf ihre Überwindung sinnt. Wie viele Menschen sind Jahrhunderte hindurch zu Maria gepilgert, um vor dem Bild der Schmerzensreichen – wie hier in Etzelsbach – Trost und Stärkung zu finden!

Schauen wir ihr Bildnis an! Eine Frau mittleren Alters mit schweren Augenlidern vom vielen Weinen, den Blick zugleich versonnen in die Ferne gerichtet, als bewegte sie alles, was geschehen war, in ihrem Herzen. Auf ihrem Schoß liegt der Leichnam des Sohnes, sie fasst ihn behutsam und liebevoll, wie eine kostbare Gabe. Wir sehen die Spuren der Kreuzigung auf seinem entblößten Leib. Der linke Arm des Toten weist senkrecht nach unten. Vielleicht war die Skulptur der Pietà, wie oft üblich, ursprünglich über einem Altar aufgestellt. Der Gekreuzigte weist so mit seinem ausgestreckten Arm auf das Geschehen auf dem Altar hin, wo das heilige Opfer, das er vollbracht hat, in der Eucharistie Gegenwart wird.

Eine Besonderheit des Gnadenbilds von Etzelsbach ist die Lage des Gekreuzigten. Bei den meisten Pietà-Darstellungen liegt der tote Jesus mit dem Kopf nach links. Der Betrachter kann so die Seitenwunde des Gekreuzigten sehen. Hier in Etzelsbach jedoch ist die Seitenwunde verdeckt, weil der Leichnam gerade nach der anderen Seite ausgerichtet ist. Mir scheint, dass sich in dieser Darstellung eine tiefe Bedeutung verbirgt, die sich erst in ruhiger Betrachtung erschließt: Im Etzelsbacher Gnadenbild sind die Herzen Jesu und seiner Mutter einander zugewandt; die Herzen kommen einander nahe. Sie tauschen einander ihre Liebe aus. Wir wissen, dass das Herz auch das Organ der tiefsten Sensibilität für den anderen wie des innigsten Mitgefühls ist. Im Herzen Marias ist Platz für die Liebe, die ihr göttlicher Sohn der Welt schenken will.

Die Marienverehrung konzentriert sich auf die Betrachtung der Beziehung zwischen der Mutter und ihrem göttlichen Sohn. Die Gläubigen haben betend, leidend, dankend und freudig immer wieder neue Aspekte und Attribute gefunden, die uns dieses Geheimnis besser erschließen können, z. B. im Bild des Unbefleckten Herzens Marias als Symbol der tiefen und der vorbehaltlosen Einheit der Liebe mit Christus. Nicht die Selbstverwirklichung, das Sich-selber-haben-und-machen-wollen schafft die wahre Entfaltung des Menschen, wie es heute als Leitbild modernen Lebens propagiert wird, das leicht zu einem verfeinerten Egoismus umschlägt. Vielmehr ist es die Haltung der Hingabe, des sich Weggebens, die auf das Herz Marias und damit auf das Herz Christi ausgerichtet ist und auf den Nächsten ausgerichtet ist und so uns erst uns selber finden lässt.

„Wir wissen, dass Gott bei denen, die ihn lieben, alles zum Guten führt, bei denen, die nach seinem ewigen Plan berufen sind" (Röm 8,28), so haben wir gerade in der Lesung aus dem Römerbrief gehört. Gott hat bei Maria alles zum Guten geführt, und er hört nicht auf, durch Maria das Gute sich weiter ausbreiten zu lassen in der Welt. Vom Kreuz herab, vom Thron der Gnade und der Erlösung, hat Jesus seine Mutter Maria den Menschen zur Mutter gegeben. Im Moment seiner Aufopferung für die Menschheit macht er Maria gleichsam zur Vermittlerin des Gnadenstroms, der vom Kreuz ausgeht. Unter dem Kreuz wird Maria zur Gefährtin und Beschützerin der Men-

schen auf ihrem Lebensweg. „In ihrer mütter-
lichen Liebe trägt sie Sorge für die Brüder und
Schwestern ihres Sohnes, die noch auf der Pilger-
schaft sind und in Gefahren und Bedrängnissen
weilen, bis sie zur ewigen Heimat gelangen", so
hat es das Zweite Vatikanische Konzil formuliert
(*Lumen Gentium*, 62). Ja, wir gehen durch Höhen
und Tiefen, aber Maria tritt für uns ein bei ihrem
Sohn und hilft uns, die Kraft seiner göttlichen
Liebe zu finden und sich ihr zu öffnen.

Unser Vertrauen auf die wirksame Fürsprache
der Gottesmutter und unsere Dankbarkeit für
die immer wieder erfahrene Hilfe tragen in sich
selbst gleichsam den Impuls, über die Bedürf-
nisse des Augenblicks hinauszudenken. Was
will Maria uns eigentlich sagen, wenn sie uns
aus einer Not errettet? Sie will uns helfen, die
Weite und Tiefe unserer christlichen Berufung
zu erfassen. Sie will uns in mütterlicher Behut-
samkeit verstehen lassen, dass unser ganzes Leben Antwort sein soll auf die erbarmungsreiche
Liebe unseres Gottes. Begreife – so scheint sie
uns zu sagen –, dass Gott, der die Quelle alles
Guten ist und der nie etwas anderes will als dein
wahres Glück, das Recht hat, von dir ein Leben
zu fordern, das sich ganz und freudig seinem
Willen überantwortet und danach trachtet, dass

auch die anderen ein Gleiches tun. „Wo Gott ist, da ist Zukunft." In der Tat – wo wir Gottes Liebe ganz über unser Leben und in unserem Leben wirken lassen, da ist der Himmel offen. Da ist es möglich, die Gegenwart so zu gestalten, dass sie mehr und mehr der Frohbotschaft unseres Herrn Jesus Christus entspricht. Dort haben die kleinen Dinge des Alltags ihren Sinn, und dort finden die großen Probleme ihre Lösung.

In dieser Gewissheit beten wir zu Maria, in dieser Gewissheit glauben wir an Jesus Christus, unseren Herrn und Gott. Amen.

Eucharistiefeier auf dem Domplatz
zu Erfurt

24. September 2011

Tagesgebet

Lasset uns beten.
Gott, du Vater der Armen,
du hast der heiligen Elisabeth
ein waches Herz für die Armen gegeben,
in denen sie Christus erkannte und verehrte.
Auf ihre Fürsprache gib auch uns
den Geist deiner Liebe
und leite uns an zu helfen,
wo Menschen in Not und Bedrängnis sind.
Darum bitten wir durch Jesus Christus,
deinen Sohn,
unseren Herrn und Gott,
der in der Einheit des Heiligen Geistes
mit dir lebt und herrscht in alle Ewigkeit.
Amen.

Von der Vergeltung und von der Liebe zu den Feinden

Euch, die ihr mir zuhört, sage ich: Liebt eure Feinde; tut denen Gutes, die euch hassen. Segnet die, die euch verfluchen; betet für die, die euch misshandeln. Dem, der dich auf die eine Wange schlägt, halt auch die andere hin, und dem, der dir den Mantel wegnimmt, lass auch das Hemd. Gib jedem, der dich bittet; und wenn dir jemand etwas wegnimmt, verlang es nicht zurück. Was ihr von anderen erwartet, das tut ebenso auch ihnen. Wenn ihr nur die liebt, die euch lieben, welchen Dank erwartet ihr dafür? Auch die Sünder leihen Sündern in der Hoffnung, alles zurückzubekommen.

Ihr aber sollt eure Feinde lieben und sollt Gutes tun und leihen, auch wo ihr nichts dafür erhoffen könnt. Dann wird euer Lohn groß sein, und ihr werdet Söhne des Höchsten sein; denn auch er ist gütig gegen die Undankbaren und Bösen.

Seid barmherzig, wie es auch euer Vater ist! Richtet nicht, dann werdet auch ihr nicht gerichtet werden. Verurteilt nicht, dann werdet auch ihr nicht verurteilt werden. Erlasst einander die Schuld, dann wird auch euch die Schuld erlassen werden. Gebt, dann wird auch euch gegeben werden. In

reichem, vollem, gehäuftem, überfließendem Maß
wird man euch beschenken; denn nach dem Maß,
mit dem ihr messt und zuteilt, wird auch euch zu-
geteilt werden.

Lukas 6,27–38

Liebe Brüder und Schwestern!

„Preiset den Herrn zu aller Zeit, denn er ist gut."
So haben wir eben vor dem Evangelium gesungen. Ja, wir haben wirklich Grund, Gott von gan-
zem Herzen zu danken. Wenn wir uns in dieser
Stadt zurückversetzen in das Elisabethjahr 1981
vor 30 Jahren, zur Zeit der DDR – wer hätte ge-
ahnt, dass wenige Jahre später Mauer und Sta-
cheldraht an den Grenzen fallen würden? Und
wenn wir noch weiter zurückgehen, etwa 70 Jahre, bis in das Jahr 1941, zur Zeit des Nationalso-
zialismus, im großen Krieg – wer hätte voraus-
sagen können, dass das „Tausendjährige Reich"
schon vier Jahre später in Schutt und Asche ver-
sinken sollte?
Liebe Brüder und Schwestern, hier in Thüringen
und in der früheren DDR habt ihr eine braune

und eine rote Diktatur ertragen müssen, die für den christlichen Glauben wie saurer Regen wirkte. Viele Spätfolgen dieser Zeit sind noch aufzuarbeiten, vor allem im geistigen und im religiösen Bereich. Die Mehrzahl der Menschen in diesem Lande lebt mittlerweile fern vom Glauben an Christus und von der Gemeinschaft der Kirche. Doch zeigen die letzten beiden Jahrzehnte auch gute Erfahrungen: ein erweiterter Horizont, ein Austausch über Grenzen hinweg, eine gläubige Zuversicht, dass Gott uns nicht im Stich lässt und uns neue Wege führt. „Wo Gott ist, da ist Zukunft." Wir alle sind davon überzeugt, dass die neue Freiheit geholfen hat, dem Menschen größere Würde und vielfältige neue Möglichkeiten zu eröffnen. Viele Erleichterungen dürfen wir seitens der Kirche dankbar hervorheben, seien es neue Möglichkeiten der pfarrlichen Aktivitäten, seien es Renovierung und Erweiterung von Kirchen und Gemeindezentren, seien es diözesane Initiativen von pastoraler oder kultureller Art. Aber diese Frage steht natürlich vor uns: Haben diese Möglichkeiten uns auch ein Mehr an Glauben gebracht? Ist der Wurzelgrund des Glaubens und des christlichen Lebens nicht tiefer als in der gesellschaftlichen Freiheit zu suchen? Viele entschiedene Katholiken sind gerade in der schwierigen Situation einer äußeren Bedrängnis Christus und der Kirche treu geblieben. Wo stehen wir heute? Diese Menschen haben persönliche Nachteile in Kauf genommen, um ihren Glauben zu leben. Danken möchte ich hier den Priestern und ihren Mitarbeitern und Mitarbeiterinnen aus jener Zeit. Erinnern möchte ich besonders an die Flüchtlingsseelsorge unmittelbar nach dem Zweiten Weltkrieg: Da haben viele Geistliche und Laien Großartiges geleistet, um die Not der Vertriebenen zu lindern und ihnen eine neue Heimat zu schenken. Aufrichtiger Dank gilt nicht zuletzt den Eltern, die inmitten der Diaspora und in einem kirchenfeindlichen politischen Umfeld ihre Kinder im katholischen Glauben erzogen haben. Mit Dankbarkeit möchte ich an die Religiösen Kinderwochen in den Ferien erinnern sowie an die fruchtbare Arbeit der katholischen Jugendhäuser „Sankt Sebastian" in Erfurt und „Marcel Callo" in Heiligenstadt. Besonders im Eichsfeld widerstanden viele katholische Christen der kommunistischen Ideologie. Gott möge die Treue im Glauben allen reich vergelten. Das mutige Zeugnis und das geduldige Leben mit ihm, das geduldige Vertrauen auf die Führung Gottes sind wie ein kostbarer Same, der für die Zukunft eine reiche Frucht verheißt.

Die Gegenwart Gottes zeigt sich immer besonders deutlich in den Heiligen. Ihr Glaubenszeugnis kann uns auch heute Mut machen zu einem neuen Aufbruch. Denken wir hier vor allem an die Schutzheiligen des Bistums Erfurt: die Heiligen Elisabeth von Thüringen, Bonifatius und Kilian. Elisabeth kam aus einem fremden Land, aus Ungarn, auf die Wartburg nach Thüringen. Sie führte ein intensives Leben des Gebets, verbunden mit dem Geist der Buße und der Armut des Evangeliums. Regelmäßig stieg sie aus ihrer Burg hinab in die Stadt Eisenach, um dort persönlich Arme und Kranke zu pflegen. Ihr Leben auf dieser Erde war nur kurz – sie wurde nur vierundzwanzig Jahre alt –, aber die Frucht ihrer Heiligkeit reicht über die Jahrhunderte hin. Die heilige Elisabeth wird auch von evangelischen Christen sehr geschätzt; sie kann uns allen helfen, die Fülle des Glaubens, seine Schönheit und seine Tiefe und seine verwandelnde und reinigende Kraft zu entdecken und in unseren Alltag zu übersetzen.

Auf die christlichen Wurzeln unseres Landes weist auch die Gründung des Bistums Erfurt im Jahre 742 durch den heiligen Bonifatius hin. Dieses Ereignis bildet gleichzeitig die erste urkundliche Erwähnung der Stadt Erfurt. Der Missionsbischof Bonifatius war aus England gekommen, und zu seinem Arbeitsstil gehörte es, dass er in wesentlicher Einheit und in enger Verbindung mit dem Bischof von Rom, dem Nachfolger des heiligen Petrus wirkte; er wusste, dass die Kirche eins sein muss um Petrus herum. Wir verehren ihn als „Apostel Deutschlands"; er starb als Märtyrer. Zwei seiner Gefährten, die das Blutzeugnis für den christlichen Glauben mit ihm teilten, sind hier im Erfurter Dom begraben: die Heiligen Eoban und Adelar.

Schon vor den angelsächsischen Missionaren hat der heilige Kilian in Thüringen gewirkt, ein Wandermissionar aus Irland. Gemeinsam mit zwei Gefährten starb er in Würzburg als Märtyrer, weil er das moralische Fehlverhalten des dort ansässigen thüringischen Herzogs kritisierte. Und nicht vergessen wollen wir schließlich den hl. Severus, den Schutzheiligen der Severi-Kirche hier am Domplatz: Im vierten Jahrhundert war er Bischof von Ravenna; seine Gebeine wurden im Jahre 836 nach Erfurt gebracht, um den christlichen Glauben in dieser Gegend tiefer zu verankern. Von den Toten ging doch das lebendige Zeugnis der immerwährenden Kirche aus, des Glaubens, der alle Zeiten befruchtet und der uns den Weg des Lebens zeigt.

Fragen wir: Was haben diese Heiligen gemeinsam? Wie können wir das Besondere ihres Lebens beschreiben und doch verstehen, dass es
uns angeht und in unser Leben hineinwirken
kann? Die Heiligen zeigen uns zunächst, dass
es möglich und gut ist, in der Beziehung zu Gott
zu leben und diese Beziehung radikal zu leben,
sie an die erste Stelle zu setzen, nicht irgendwo
auch noch ein Eckfeld auszusparen. Die Heiligen
verdeutlichen uns die Tatsache, dass seinerseits
Gott sich uns zuerst zugewandt hat. Wir könnten
nicht zu ihm hinreichen, uns irgendwie ins Un-
bekannte hinein ausstrecken, wenn er nicht zuerst uns geliebt hätte, wenn er nicht zuerst uns
entgegengegangen wäre. Nachdem er schon den
Vätern in den Worten der Berufung entgegengegangen war, hat er sich uns in Jesus Christus
selbst gezeigt und zeigt sich uns immerfort in
ihm. Christus kommt auch heute auf uns zu, er
spricht jeden Einzelnen an, wie er es eben im
Evangelium getan hat, und lädt jeden von uns
ein, ihm zuzuhören, ihn verstehen zu lernen
und ihm nachzufolgen. Diesen Anruf und diese
Chance haben die Heiligen genutzt, den konkreten Gott haben sie anerkannt, ihn gesehen und
gehört und sind auf ihn zugegangen, mit ihm
gegangen; sie haben sich innen her sozusagen

von ihm anstecken lassen und haben sich ausgestreckt auf ihn – in der beständigen Zwiesprache des Gebets – und von ihm das Licht erhalten, das ihnen das wahre Leben erschließt.

Glaube ist immer auch wesentlich ein Mitglauben. Niemand kann allein glauben. Wir empfangen den Glauben – so sagt uns Paulus – durch das Hören, und Hören ist ein Vorgang des Miteinanderseins, geistig und leiblich. Nur in dem großen Miteinander der Glaubenden aller Zeiten, die Christus gefunden haben, von ihm gefunden worden sind, kann ich glauben. Dass ich glauben kann, verdanke ich zunächst Gott, der sich mir zuwendet und meinen Glauben sozusagen „anzündet". Aber ganz praktisch verdanke ich meinen Glauben meinen Mitmenschen, die vor mir geglaubt haben und mit mir glauben. Dieses große „Mit", ohne das es keinen persönlichen Glauben geben kann, ist die Kirche. Und diese Kirche macht nicht vor Ländergrenzen halt, das zeigen uns die Nationalitäten der Heiligen, die ich genannt habe: Ungarn, England, Irland und Italien. Hier zeigt sich, wie wichtig der geistliche Austausch ist, der sich über die ganze Weltkirche erstreckt. Ja, er war grundlegend für das Werden der Kirche in unserem Land, er bleibt grundlegend für alle Zeiten: dass wir miteinander über die Kontinente hin glauben und voneinander glauben lernen. Wenn wir uns dem ganzen Glauben in der ganzen Geschichte und dessen Bezeugung in der ganzen Kirche öffnen, dann hat der katholische Glaube auch als öffentliche Kraft in Deutschland Zukunft. Zugleich zeigen uns die Heiligengestalten, von denen ich sprach, die große Fruchtbarkeit eines Lebens mit Gott, die Fruchtbarkeit dieser radikalen Liebe zu Gott und zum Nächsten. Heilige, selbst wo es nur wenige sind, verändern die Welt, und die großen Heiligen bleiben verändernde Kräfte alle Zeiten hindurch.

So waren die politischen Veränderungen des Jahres 1989 in unserem Land nicht nur durch das Verlangen nach Wohlstand und Reisefreiheit motiviert, sondern entscheidend durch die Sehnsucht nach Wahrhaftigkeit. Diese Sehnsucht wurde unter anderem durch Menschen wachgehalten, die ganz im Dienst für Gott und den Nächsten standen und bereit waren, ihr Leben zu opfern. Sie und die erwähnten Heiligen geben uns Mut, die neue Situation zu nutzen. Wir wollen uns nicht in einem bloß privaten Glauben verstecken, sondern die gewonnene Freiheit verantwortlich gestalten. Wir wollen, wie die Heiligen Kilian, Bonifatius, Adelar, Eoban und Elisabeth von Thüringen als Christen auf unsere Mitbürger zugehen und sie einladen, mit uns die Fülle der Frohen Botschaft, ihre Gegenwart und ihre Lebenskraft und Schönheit zu entdecken. Dann gleichen wir der berühmten Glocke des Erfurter Domes, die den Namen „Gloriosa" trägt, die „Glorreiche". Sie gilt als größte freischwingende mittelalterliche Glocke der Welt. Sie ist ein lebendiges Zeichen für unsere tiefe Verwurzelung in der christlichen Überlieferung, aber auch ein Signal des Aufbruchs und der missionarischen Einladung. Sie wird auch heute in dieser Festmesse an ihrem Ende erklingen. Sie möge uns dazu ermuntern, nach dem Beispiel der Heiligen das Zeugnis Christi sichtbar und hörbar zu machen in der Welt, die Herrlichkeit Gottes hörbar und schaubar zu machen und so zu leben in einer Welt, in der Gott da ist und Leben schön und sinnvoll werden lässt. Amen.

Schlussgebet

Lasset uns beten.
Barmherziger Gott,
wir haben das Brot des Lebens empfangen
beim Gedenken der heiligen Elisabeth,
die du den Christen im Thüringer Land
als Vorbild echter Frömmigkeit
und selbstlosen Helfens geschenkt hast.
Lass auch uns aus der Kraft
der heiligen Speise
in der Liebe zu dir wachsen
und uns mühen im Dienst
an deinem Volk.
Darum bitten wir durch Christus,
unseren Herrn.
Amen.

Begrüßung der Bürgerschaft auf dem Münsterplatz zu Freiburg im Breisgau

24. September 2011

Liebe Freunde!

Mit großer Freude grüße ich euch alle und danke euch für den herzlichen Empfang, den ihr mir bereitet habt. Ich bin glücklich, dass ich nach den schönen Begegnungen in Berlin und in Erfurt nun bei euch in Freiburg sein darf, von der Sonne beleuchtet und erwärmt. Ein besonderer Dank gilt dabei eurem lieben hochwürdigsten Herrn Erzbischof Dr. Robert Zollitsch für die Einladung – er hat mich so bedrängt, dass ich am Schluss sagen musste, nach Freiburg muss ich wirklich kommen – und für seinen freundlichen Willkommensgruß.

„Wo Gott ist, da ist Zukunft", so lautet das Motto dieser Tage. Als Nachfolger des Apostels Petrus, dem ja der Herr aufgetragen hat im Abendmahlssaal, seine Brüder zu stärken (vgl. Lk 22,32), bin ich gerne zu euch gekommen in diese schöne Stadt, um mit euch gemeinsam zu beten, das Wort Gottes zu verkünden und gemeinsam die

Eucharistie zu feiern. Ich bitte euch um euer Gebet, dass diese Tage fruchtbar werden, dass Gott unseren Glauben stärke, unsere Hoffnung festige und unsere Liebe groß werden lasse. In diesen Tagen möge uns erneut bewusst werden, wie sehr Gott uns liebt und dass er wirklich gut ist. Und so sollen wir von diesem Vertrauen erfüllt werden, dass er uns gut ist und dass er gute Macht hat, dass er uns und alles, was uns bewegt und wichtig ist, in seinen Händen trägt, und wir wollen es bewusst in seine Hände legen. In ihm ist unsere Zukunft gesichert, er schenkt unserem Leben Sinn, und er kann es zur Fülle führen. Der Herr geleite euch in Frieden und mache uns alle zu Boten seines Friedens! Danke herzlich für die Aufnahme!

Begegnung mit den Vertretern der Orthodoxen Kirchen im Hörsaal des Priesterseminars von Freiburg im Breisgau

24. September 2011

Eminenzen, Exzellenzen!
Sehr geehrte Vertreter der orthodoxen und orientalischen Kirchen!

Es ist mir eine große Freude, dass wir uns heute hier zusammengefunden haben. Von Herzen danke ich Ihnen allen für Ihr Kommen und für die Möglichkeit dieses freundschaftlichen Austauschs. Einen besonderen Dank sage ich Ihnen, lieber Metropolit Augoustinos für Ihre tiefgehenden Worte. Es hat mich vor allem bewegt, was Sie über die Muttergottes gesagt haben und über die Heiligen, die alle Jahrhunderte umgreifen und einen. Und gern wiederhole ich in diesem Kreis, was ich an anderer Stelle gesagt habe: Unter den christlichen Kirchen und Gemeinschaften steht uns ohne Zweifel die Orthodoxie theologisch am nächsten; Katholiken und Orthodoxe haben die gleiche altkirchliche Struktur bewahrt; in diesem Sinn sind wir alle alte Kirche, die doch immer

gegenwärtig und neu ist. Und so wagen wir zu
hoffen, auch wenn menschlich immer wieder
Schwierigkeiten auftreten, dass der Tag doch
nicht zu ferne ist, an dem wir wieder gemeinsam
Eucharistie feiern können. (vgl. *Licht der Welt.
Ein Gespräch mit Peter Seewald*, S. 111).

Mit Interesse und Sympathie verfolgt die katholische Kirche – und ich persönlich – die Entwicklung der orthodoxen Gemeinden in Westeuropa,
die in den letzten Jahrzehnten einen merklichen
Zuwachs verzeichnen. In Deutschland – so habe
ich gelernt – leben heute ca. 1,6 Millionen orthodoxe und orientalische Christen. Sie sind ein
fester Bestandteil der Gesellschaft geworden, der
den Schatz der christlichen Kulturen und des
christlichen Glaubens Europas belebt. Ich begrü-
ße die Intensivierung der panorthodoxen Zusammenarbeit, die in den letzten Jahren wesentliche
Fortschritte erzielt hat. Die Gründung orthodoxer
Bischofskonferenzen dort, wo die orthodoxen Kirchen in der Diaspora sind – wovon Sie uns gesprochen haben –, ist Ausdruck der gefestigten inner-
orthodoxen Beziehungen. Ich freue mich, dass in
Deutschland im vergangenen Jahr dieser Schritt
vollzogen wurde. Mögen die Erfahrungen, die in
diesen Bischofskonferenzen gemacht werden, den
Verbund zwischen den orthodoxen Kirchen stär-

ken und die Bestrebungen zu einem panorthodoxen Konzil weiter voranschreiten lassen.

Seit meiner Zeit als Professor in Bonn und dann
besonders als Erzbischof von München und Frei-
sing habe ich durch Freundschaft mit Vertretern
der orthodoxen Kirchen die Orthodoxie immer
tiefer kennen- und lieben gelernt. Es begann damals auch die Arbeit der Gemeinsamen Kommission der Deutschen Bischofskonferenz und der
Orthodoxen Kirche. Mit ihren Texten zu pastoral-
praktischen Fragen fördert sie seither das gegenseitige Verständnis und trägt zu einer Festigung
und Weiterentwicklung der katholisch-orthodo-
xen Beziehungen in Deutschland bei.

Ebenso wichtig bleibt die Weiterarbeit an der Klä-
rung theologischer Differenzen, weil deren Überwindung für die Wiederherstellung der vollen
Einheit, die wir erhoffen und um die wir beten,
unerlässlich ist. Wir wissen, dass es vor allem die
Primatsfrage ist, um deren rechtes Verständnis wir
weiter geduldig und demütig ringen müssen. Ich
denke, dabei können uns die Gedanken zur Unterscheidung zwischen Wesen und Form der Aus-
übung des Primates, die Papst Johannes Paul II. in
der Enzyklika *Ut unum sint* (N. 95) vorgenommen
hat, weiterhin fruchtbare Anstöße geben.

Dankbar blicke ich auch auf die Arbeit der Gemischten Internationalen Kommission für den theologischen Dialog zwischen der Katholischen Kirche und den orientalischen Orthodoxen Kirchen. Ich freue mich, verehrte Eminenzen und Vertreter der orientalischen Kirchen, in Ihnen Repräsentanten jener Kirchen zu treffen, die an diesem Dialog beteiligt sind. Die Ergebnisse, die dort erreicht wurden, lassen das Verständnis füreinander wachsen und uns einander näherkommen.

In der gegenwärtigen Zeitströmung, in der nicht wenige Menschen das öffentliche Leben von Gott sozusagen „befreien" wollen, gehen die christlichen Kirchen in Deutschland – unter ihnen gerade auch die orthodoxen und orientalischen Christen – vom Glauben an den einen Gott und Vater aller Menschen her Hand in Hand den Weg eines friedlichen Zeugnisses für Verständigung und Völkergemeinschaft. Dabei lassen sie nicht davon ab, das Wunder der Menschwerdung Gottes in das Zentrum der Verkündigung zu stellen. Im Bewusstsein, dass auf ihm jede Würde des Menschen beruht, treten sie gemeinsam für den Schutz des menschlichen Lebens von seiner Empfängnis bis zu seinem natürlichen Tod ein. Der Glaube an Gott, den Schöpfer des Lebens, und das unbedingte Festhalten an der Würde jedes Menschen bestärken gläubige Christen, jedem manipulativen und selektiven Eingriff am menschlichen Leben entschlossen entgegenzutreten. Im Wissen um den Wert von Ehe und Familie ist es uns zudem als Christen ein sehr wichtiges Anliegen, die Integrität und die Einzigartigkeit der Ehe zwischen einem Mann und einer Frau vor jeglicher Missdeutung zu schützen. Hier leistet das gemeinsame Engagement der Christen, darunter der Orthodoxen und der orientalischen Orthodoxen, einen wertvollen Beitrag zum Aufbau einer zukunftsfähigen Gesellschaft, in der der menschlichen Person der ihr geschuldete Respekt entgegengebracht wird.

Am Schluss möchte ich den Blick auf Maria richten – Sie haben sie uns als die Panagia vorgestellt –, auf die Hodegetria, die „Wegführerin", die auch im Westen unter dem Titel „Unsere Liebe Frau vom Weg" verehrt wird. Die Allerheiligste Dreifaltigkeit hat der Menschheit die jungfräuliche Mutter Maria geschenkt, auf dass sie uns Menschen mit ihrer Fürbitte durch die Zeiten führe und uns den Weg weise in die Vollendung. Ihr wollen wir uns anvertrauen und unser Anliegen vorlegen, eine immer innigere Gemeinschaft in Christus zu werden zum Lob und zur Ehre seines Namens. Gott segne euch alle! Danke.

Begegnung mit Seminaristen im „Collegium Borromaeum", Freiburg im Breisgau

24. September 2011

Liebe Seminaristen,
liebe Schwestern und Brüder!

Für mich ist es eine große Freude, dass ich hier mit jungen Menschen zusammenkommen darf, die sich auf den Weg machen, um dem Herrn zu dienen, die auf seinen Ruf horchen und ihm folgen wollen. Besonders herzlich möchte ich danken für den schönen Brief, den der Herr Regens und die Seminaristen mir geschrieben haben. Es hat mich wirklich im Herzen berührt, wie Sie meinen Brief bedacht und daraus Ihre Fragen und Ihre Antworten entwickelt haben; mit welchem Ernst Sie aufnehmen, was ich da vorzustellen versucht habe, und von daher Ihren eigenen Weg entwickeln.

Das Schönste wäre natürlich, wenn wir ein Gespräch miteinander führen könnten, aber der Reiseplan, unter dem ich stehe und dem ich gehorchen muss, lässt leider solche Sachen nicht zu. So kann ich nur versuchen, im Anschluss an das, was Sie geschrieben haben und was ich geschrieben hatte, noch einmal ein paar Gedanken herauszustellen.

Bei der Frage: Wozu gehört das Seminar; was bedeutet diese Zeit?, bewegt mich eigentlich immer wieder am meisten, wie der heilige Markus im Kapitel 3 des Evangeliums das Werden der Apostelgemeinschaft beschreibt. Er sagt: „Der Herr machte Zwölf." Er schafft etwas, er tut etwas, es ist ein schöpferischer Akt. Und er machte sie, „damit sie mit ihm seien und damit er sie sende" (vgl. Mk 3,14): Das ist ein doppelter Wille, der in mancher Hinsicht widersprüchlich scheint. „Damit sie mit ihm seien": Sie sollen bei ihm sein, um ihn kennenzulernen, um von ihm zu hören, von ihm sich formen zu lassen; sie sollen mit ihm gehen, mit ihm auf dem Weg, um ihn herum und hinter ihm. Aber gleichzeitig sollen sie Gesandte sein, die weggehen, die hinaustragen, was sie gelernt haben, die es zu den anderen Menschen bringen, die unterwegs sind – in die Peripherie, ins Weite hinein, auch in das, was weit von ihm entfernt ist. Und doch gehört diese Paradoxie zusammen: Wenn sie wirklich mit ihm sind, dann sind sie immer auch unterwegs zu den anderen, dann sind sie auf der Suche nach dem verlorenen Schaf, dann gehen sie hin, dann müssen sie weitergeben, was sie gefunden haben, dann müssen sie ihn bekannt machen, Gesandte werden. Und umgekehrt, wenn sie rechte Gesandte sein wollen, dann müssen sie immer bei ihm sein. Der heilige Bonaventura hat einmal gesagt: Die Engel, wo immer sie sich auch hinbewegen, wie weit auch, sie bewegen sich immer im Inneren Gottes. So ist es da auch: Als Priester müssen wir hinausgehen in die vielfältigen Straßen, an denen Menschen stehen, die wir einladen sollen zu seinem Hochzeitsmahl. Aber wir können es nur tun, indem wir dabei immer bei ihm bleiben. Und dies zu lernen, dieses Miteinander von Hinausgehen, von Sendung, und von Mit-ihm-Sein, von Bleiben-bei-ihm, ist – glaube ich – das, was wir gerade im Priesterseminar zu erlernen haben. Das rechte Bleiben-mit-ihm, das tief in ihn Eingewurzelt-Werden – immer mehr mit ihm sein, immer mehr ihn kennen, immer mehr sich nicht von ihm trennen – und zugleich immer mehr hinausgehen, Botschaft bringen, weitergeben, nicht für sich behalten, sondern das Wort zu denen bringen, die fern sind und die doch alle als Geschöpfe Gottes und als von Christus Geliebte die Sehnsucht nach ihm im Herzen tragen.

Seminar ist also eine Zeit der Einübung; natürlich auch des Unterscheidens, des Erlernens:

Will er mich dafür? Die Sendung muss geprüft
werden, und dazu gehört dann das Miteinander
und gehört natürlich das Gespräch mit den geist-
lichen Führern, die Sie haben, um unterscheiden
zu lernen, was sein Wille ist. Und dann das Vertrauen zu lernen: Wenn er es wirklich will, dann
darf ich mich ihm anvertrauen. In der heutigen
Welt, die sich so unerhört ändert und in der alles
immer wieder anders wird, in der menschliche
Bindungen zerfallen, weil neue Begegnungen
auftreten, wird es immer schwerer zu glauben:
Ich werde ein Leben lang standhalten. Es war
schon für uns in unserer Zeit nicht ganz leicht,
sich vorzustellen, wie viele Jahrzehnte vielleicht
Gott mir zudenkt, wie anders die Welt werden
wird. Werde ich es durchhalten mit ihm, so wie
ich es versprochen habe? ... Es ist eine Frage, die
eben das Prüfen der Sendung verlangt, aber dann
auch – je mehr ich erkenne: Ja, er will mich – das
Vertrauen: Wenn er mich will, dann hält er mich
auch, dann wird er in der Stunde der Verführung,
in der Stunde der Not da sein und wird mir Menschen geben, wird mir Wege geben, wird mich
halten. Und Treue ist möglich, weil er immer da
ist, und weil er gestern, heute und morgen ist,
weil er nicht nur dieser Zeit zugehört, sondern
Zukunft ist und in jeder Stunde uns tragen kann.

Eine Zeit der Unterscheidung, des Erlernens, der Berufung ... Und dann, natürlich, als Zeit des Mit-ihm-Seins eine Zeit des Betens, des Hörens auf ihn. Hören, wirklich ihn hören lernen – im Wort der Heiligen Schrift, im Glauben der Kirche, in der Liturgie der Kirche – und das Heute in seinem Wort erlernen. In der Exegese lernen wir viel über das Gestern: Was da alles war, welche Quellen da sind, welche Gemeinden waren und so weiter. Dies ist auch wichtig. Aber noch wichtiger ist, dass wir in diesem Gestern das Heute erlernen, dass er jetzt mit diesen Worten spricht und dass sie alle ihr Heute in sich tragen und dass sie über den historischen Anfang hinaus eine Fülle in sich tragen, die zu allen Zeiten spricht. Und diese Gegenwärtigkeit seines Redens zu erlernen – hören lernen – und damit den anderen Menschen sagen zu können, ist wichtig. Natürlich, wenn man die Predigt für den Sonntag vorbereitet, ist es oft ... mein Gott, so weit weg! Aber wenn ich mit dem Wort lebe, dann sehe ich, es ist gar nicht weit weg, es ist höchst aktuell, es ist jetzt da, es geht mich an und geht die anderen an. Und dann lerne ich auch, es auszulegen. Aber dazu ist ein beständiger innerer Weg mit dem Wort Gottes nötig.

Das persönliche Sein mit Christus, mit dem le-

bendigen Gott, ist das eine; das andere ist, dass
wir immer nur im „Wir" glauben können. Ich
sage manchmal, der heilige Paulus hat geschrieben: „Glaube kommt vom Hören" – nicht vom Lesen. Er braucht auch das Lesen, aber er kommt
vom Hören, das heißt vom lebendigen Wort,
vom Zuspruch des anderen, den ich hören kann,
vom Zuspruch der Kirche durch alle Zeiten, von
ihrem jetzigen, durch die Priester, die Bischöfe
und die Mitmenschen mir gegebenen Wort. Zum
Glauben gehört das „Du", und zum Glauben gehört das „Wir". Und gerade das Sich-Ertragen
einüben ist etwas ganz Wichtiges; das Lernen,
den anderen anzunehmen als den anderen in
seiner Andersheit, und zu erlernen, dass er mich
ertragen muss in meiner Andersheit, um „wir"
zu werden, damit wir einmal dann auch in der
Pfarrei Gemeinschaft bilden können, Menschen
in die Gemeinsamkeit des Wortes hineinrufen
können und miteinander auf dem Weg zum lebendigen Gott sind. Dazu gehört dieses ganz
konkrete „Wir", wie es das Seminar ist, wie es
dann die Pfarrei ist, aber dann auch immer das
Hinausschauen über das konkrete, beschränkte
„Wir" ins große „Wir" der Kirche aller Orte und
Zeiten hinein: dass wir uns nicht allein zum Maß
nehmen. Wenn wir sagen: „Wir sind Kirche" –

ja, es ist wahr: Wir sind es, nicht irgendjemand. Aber das „Wir" ist weiter als die Gruppe, die das gerade sagt. Das „Wir" ist die ganze Gemeinschaft der Gläubigen, heute und aller Orten und Zeiten. Und ich sage dann immer: In der Gemeinschaft der Gläubigen, ja, da gibt es sozusagen den Spruch der gültigen Mehrheit, aber es kann nie eine Mehrheit gegen die Apostel und gegen die Heiligen geben, das ist dann eine falsche Mehrheit. Wir sind Kirche: Seien wir es, seien wir es gerade dadurch, dass wir uns öffnen und hinausgehen über uns selber und es mit den anderen sind.

Ja, ich glaube, von dem Plan her muss ich wahrscheinlich Schluss machen jetzt. Ich möchte Ihnen nur einen Punkt noch sagen. Zum Bereitwerden für das Priestertum, zum Weg dahin gehört vor allem auch das Studieren. Das ist nicht eine akademische Zufälligkeit, die sich in der westlichen Kirche ausgebildet hat, sondern wesentlich. Wir alle wissen, dass der heilige Petrus gesagt hat: „Seid jederzeit bereit, die Vernunft, den Logos eures Glaubens als Antwort denen zu geben, die danach fragen" (vgl. 1 Petr 3,15). Unsere Welt heute ist eine rationalistische und verwissenschaftlichte Welt, wenn oft auch sehr scheinwissenschaftlich. Aber der Geist der Wissenschaftlichkeit, des Verstehens, des Erklärens, des Wissenkönnens, des Ablehnens des Nicht-rationalen ist beherrschend in unserer Zeit. Das hat auch sein Großes, wenn sich auch oft viel Anmaßung und Verkehrtheit dahinter verbergen. Der Glaube ist nicht eine Gefühlsnebenwelt, die wir dann uns auch noch leisten, sondern er ist das, was das Ganze umgreift und ihm Sinn gibt und es deutet und ihm auch die innere ethische Weisung gibt, dass es auf Gott hin und von Gott her verstanden und gelebt sei. Deswegen ist es wichtig, Bescheid zu wissen, zu verstehen, die Vernunft geöffnet zu haben, zu lernen. Natürlich werden in 20 Jahren schon wieder ganz andere philosophische Theorien Mode sein als heute: Wenn ich denke, was bei uns höchste, modernste philosophische Mode war, und wie vergessen das alles ist ... Trotzdem ist es nicht umsonst, dies zu lernen, denn es sind auch beständige Erkenntnisse dabei. Und vor allen Dingen lernen wir darin, überhaupt zu urteilen, mitzudenken – und kritisch mitzudenken – und zu helfen, dass in dem Denken das Licht Gottes uns erleuchtet und nicht erlischt. Studieren ist wesentlich: Nur so können wir dieser Zeit standhalten und in ihr den Logos unseres Glaubens verkünden. Auch kritisch studieren – eben in dem Wissen: Morgen wird ein anderer anderes sagen –, aber wach und offen und demütig Lernende sein, um immer mit dem Herrn, vor dem Herrn und für ihn Lernende zu bleiben.

Ja, ich könnte noch manches sagen, sollte es vielleicht ... Aber ich danke für das Zuhören. Und im Gebet sind alle Seminaristen der Welt in meinem Herzen präsent – nicht so schön einzelne Namen, wie ich sie jetzt hier empfangen habe, aber doch in dem inneren Hingehen zum Herrn: dass er alle segnet, allen Licht gibt und den rechten Weg zeigt, und dass er uns schenkt, viele gute Priester zu bekommen. Herzlichen Dank.

Begegnung mit dem Rat des Zentralkomitees der deutschen Katholiken (ZdK) im Hörsaal des Priesterseminars zu Freiburg im Breisgau

24. September 2011

Verehrte Damen und Herren!
Liebe Brüder und Schwestern!

Ich bin dankbar für die Gelegenheit, mit Ihnen, den Präsidiumsmitgliedern des Zentralkomitees der deutschen Katholiken, hier in Freiburg zusammenzukommen. Gerne bekunde ich Ihnen meine Wertschätzung für Ihr Engagement, mit dem Sie die Anliegen der Katholiken in der Öffentlichkeit vertreten und Anregungen für das apostolische Wirken der Kirche und der Katholiken in der Gesellschaft geben. Zugleich möchte ich Ihnen, lieber Herr Präsident Glück, für Ihre guten Worte danken, in denen Sie viel Wichtiges und Bedenkenswertes gesagt haben.

Liebe Freunde! Seit Jahren gibt es in der Entwicklungshilfe die sogenannten Exposure-Programme. Verantwortliche aus Politik, Wirtschaft und Kirche leben eine gewisse Zeit in Afrika, Asien oder Lateinamerika mit den Armen und teilen ihren konkreten Alltag. Sie setzen sich der Lebenssituation dieser Menschen aus, um die Welt mit deren Augen zu sehen und daraus für das eigene solidarische Handeln zu lernen.

Stellen wir uns vor, ein solches Exposure-Programm fände hier in Deutschland statt. Experten aus einem fernen Land würden sich aufmachen, um eine Woche bei einer deutschen Durchschnittsfamilie zu leben. Sie würden hier vieles bewundern, den Wohlstand, die Ordnung und die Effizienz. Aber sie würden mit unvoreingenommenem Blick auch viel Armut feststellen: Armut, was die menschlichen Beziehungen betrifft, und Armut im religiösen Bereich.

Wir leben in einer Zeit, die weithin durch einen unterschwelligen, alle Lebensbereiche durchdringenden Relativismus gekennzeichnet ist. Manchmal wird dieser Relativismus kämpferisch, wenn er sich gegen Menschen wendet, die sagen, sie wüssten, wo die Wahrheit oder der Sinn des Lebens zu finden ist.

Und wir beobachten, wie dieser Relativismus immer mehr Einfluss auf die menschlichen Beziehungen und auf die Gesellschaft ausübt. Dies schlägt sich auch in der Unbeständigkeit und

Sprunghaftigkeit vieler Menschen und einem übersteigerten Individualismus nieder. Mancher scheint überhaupt keinen Verzicht mehr leisten oder ein Opfer für andere auf sich nehmen zu können. Auch das selbstlose Engagement für das Gemeinwohl, im sozialen und kulturellen Bereich oder für Bedürftige nimmt ab. Andere sind überhaupt nicht mehr in der Lage, sich uneingeschränkt an einen Partner zu binden. Man findet kaum noch den Mut zu versprechen, ein Leben lang treu zu sein; sich das Herz zu nehmen und zu sagen, ich gehöre jetzt ganz dir, oder entschlossen für Treue und Wahrhaftigkeit einzustehen und aufrichtig die Lösung von Problemen zu suchen.

Liebe Freunde! Im Exposure-Programm folgt auf die Analyse die gemeinsame Reflexion. Diese Auswertung muss das Ganze der menschlichen Person im Blick haben, und dazu gehört – nicht nur implizit, sondern ganz ausdrücklich – ihre Beziehung zum Schöpfer.

Wir sehen, dass in unserer reichen westlichen Welt Mangel herrscht. Vielen Menschen mangelt es an der Erfahrung der Güte Gottes. Zu den etablierten Kirchen mit ihren überkommenen Strukturen finden sie keinen Kontakt. Warum eigentlich? Ich denke, dies ist eine Frage, über die wir sehr ernsthaft alle nachdenken müssen. Sich um sie zu kümmern, ist die Hauptaufgabe des Päpstlichen Rates für die Neuevangelisierung. Aber sie geht natürlich uns alle an. Lassen Sie mich hier einen Punkt der spezifischen Situation in Deutschland ansprechen. In Deutschland ist die Kirche bestens organisiert. Aber steht hinter den Strukturen auch die entsprechende geistige Kraft – Kraft des Glaubens an den lebendigen Gott? Ich denke, ehrlicherweise müssen wir doch sagen, dass es bei uns einen Überhang an Strukturen gegenüber dem Geist gibt. Und ich füge hinzu: Die eigentliche Krise der Kirche in der westlichen Welt ist eine Krise des Glaubens. Wenn wir nicht zu einer wirklichen Erneuerung des Glaubens finden, werden alle strukturellen Reformen wirkungslos bleiben.

Aber kommen wir zurück zu den Menschen, denen die Erfahrung der Güte Gottes fehlt. Sie brauchen Orte, wo sie ihr inneres Heimweh zur Sprache bringen können. Und hier sind wir gerufen, neue Wege der Evangelisierung zu finden. Ein solcher Weg können kleine Gemeinschaften sein, wo Freundschaften gelebt und in der regelmäßigen gemeinsamen Anbetung vor Gott vertieft werden. Da sind Menschen, die an ihrem

Arbeitsplatz und im Verbund von Familie und
Bekanntenkreis von diesen kleinen Glaubenser-
fahrungen erzählen und so eine neue Nähe der
Kirche zur Gesellschaft bezeugen. Ihnen zeigt
sich dann auch immer deutlicher, dass alle dieser Nahrung der Liebe bedürfen, der konkreten
Freundschaft untereinander und mit dem Herrn.
Wichtig bleibt die Rückbindung an den Kraft-
strom der Eucharistie, denn getrennt von Christus können wir nichts vollbringen (vgl. Joh 15,5).

Liebe Schwestern und Brüder, möge der Herr
uns stets den Weg weisen, gemeinsam Lichter in
der Welt zu sein und unseren Mitmenschen den
Weg zur Quelle zu zeigen, wo sie ihr tiefstes Verlangen nach Leben erfüllen können. Ich danke
Ihnen.

Gebetsvigil mit den Jugendlichen auf dem Ausstellungs- und Veranstaltungsgelände von Freiburg im Breisgau

24. September 2011

Eröffnungsgebet

Lasset uns beten.
Allmächtiger, ewiger Gott,
steh allen jungen Menschen bei,
die sich zu Christus bekennen.
Gib, dass sie das Geheimnis
deiner Liebe zu uns Menschen
immer tiefer erfassen und im Glauben
und in der Hoffnung wachsen.
Darum bitten wir durch Christus,
unseren Herrn.
Amen.

Ihr seid das Licht der Welt

Ihr seid das Salz der Erde. Wenn das Salz seinen
Geschmack verliert, womit kann man es wieder
salzig machen? Es taugt zu nichts mehr; es wird
weggeworfen und von den Leuten zertreten. Ihr
seid das Licht der Welt. Eine Stadt, die auf einem
Berg liegt, kann nicht verborgen bleiben. Man zün-
det auch nicht ein Licht an und stülpt ein Gefäß
darüber, sondern man stellt es auf einen Leuchter; dann leuchtet es allen im Haus. So soll euer
Licht vor den Menschen leuchten, damit sie eure
guten Werke sehen und euren Vater im Himmel
preisen.

Matthäus 5,13–16

Liebe junge Freunde!

Ich habe mich den ganzen Tag auf diesen Abend
gefreut, hier mit euch zusammen zu sein und
Gemeinschaft im Gebet mit euch zu haben. Einige von euch werden schon beim Weltjugendtag dabei gewesen sein, wo wir die besondere

Atmosphäre der Ruhe, der tiefen Gemeinschaft
und der inneren Freude erleben durften, die
über einer abendlichen Gebetsvigil liegt. Diese
Erfahrung wünsche ich uns allen auch für diesen Moment: dass der Herr uns anrührt und zu
frohen Zeugen macht, die miteinander beten und
füreinander einstehen, nicht nur heute Abend,
sondern unser ganzes Leben.

In allen Kirchen, in den Domen und Klöstern,
überall, wo sich die Gläubigen zur Feier der Oster-
nacht versammeln, wird die heiligste aller Näch-
te mit dem Entzünden der Osterkerze eröffnet,
deren Licht dann an alle Anwesenden weiterge-
reicht wird. Eine winzige Flamme verbreitet sich
im Kreis vieler Lichter und erhellt das dunkle
Gotteshaus. In diesem wunderbaren liturgischen
Ritus, den wir in dieser Gebetsvigil nachgeahmt
haben, offenbart sich uns in Zeichen, die mehr
sagen als Worte, das Geheimnis unseres christlichen Glaubens. Er, Christus, der von sich sagt:
„Ich bin das Licht der Welt" (Joh 8,12), bringt unser Leben zum Leuchten, damit wahr wird, was
wir soeben im Evangelium gehört haben: „Ihr
seid das Licht der Welt" (Mt 5,14). Es sind nicht
unsere menschlichen Anstrengungen oder der
technische Fortschritt unserer Zeit, die Licht in
diese Welt bringen. Immer wieder erleben wir es

ja, dass unser Mühen um eine bessere und gerechtere Ordnung an seine Grenzen stößt. Das Leiden der Unschuldigen und letztlich der Tod eines jeden Menschen sind ein undurchdringliches Dunkel, das vielleicht von neuen Erfahrungen her für einen Moment, wie durch einen Blitz in der Nacht, erhellt werden mag. Am Ende bleibt aber doch eine beängstigende Finsternis.

Es mag um uns herum dunkel und finster sein, und doch schauen wir ein Licht: eine kleine, winzige Flamme, die stärker ist als die so mächtig und unüberwindbar scheinende Dunkelheit. Christus, der von den Toten erstanden ist, leuchtet in dieser Welt und gerade dort am hellsten, wo nach menschlichem Ermessen alles düster und hoffnungslos ist. Er hat den Tod besiegt – er lebt – und der Glaube an ihn durchbricht wie ein kleines Licht all das, was finster und bedrohlich ist. Wer an Jesus glaubt, hat sicherlich nicht immer Sonnenschein im Leben, so als ob ihm Leiden und Schwierigkeiten erspart bleiben könnten, aber es gibt da immer einen hellen Schein, der ihm einen Weg zeigt, den Weg, der zum Leben in Fülle führt (vgl. Joh 10,10). Wer an Christus glaubt, dessen Augen sehen auch in der dunkelsten Nacht ein Licht und sehen schon das Leuchten eines neuen Tages.

Das Licht bleibt nicht allein. Ringsherum flammen weitere Lichter auf. In ihrem Schein erhält der Raum Konturen, so dass man sich orientieren kann. Wir leben nicht allein auf der Welt. Gerade in den wichtigen Dingen des Lebens sind wir auf Mitmenschen angewiesen. So stehen wir besonders im Glauben nicht allein, wir sind Glieder der großen Kette der Gläubigen. Niemand kann glauben, wenn er nicht durch den Glauben der anderen gestützt wird, und durch meinen Glauben trage ich wiederum dazu bei, die anderen in ihrem Glauben zu stärken. Wir helfen uns, einander Vorbilder zu sein, lassen die anderen am Unsrigen teilhaben, unseren Gedanken, unseren Taten, unserer Zuneigung. Und wir helfen einander, uns zurechtzufinden, unseres Standpunkts in der Gesellschaft gewahr zu werden.

Liebe Freunde, „Ich bin das Licht der Welt – Ihr seid das Licht der Welt", sagt der Herr. Es ist geheimnisvoll und großartig, dass Jesus von sich selbst und von jedem von uns das Gleiche sagt, nämlich „Licht zu sein". Wenn wir glauben, dass Er der Sohn Gottes ist, der Kranke geheilt und Tote erweckt hat, ja selbst aus dem Grabe erstanden ist und wirklich lebt, so verstehen wir, dass er das Licht, die Quelle aller Lichter dieser Welt ist. Wir dagegen erleben doch immer wieder das Scheitern unserer Bemühungen und das persönliche Versagen trotz unserer guten Absichten. Die Welt, in der wir leben, wird trotz des technischen Fortschritts scheinbar letztlich nicht besser. Noch immer gibt es Krieg und Terror, Hunger und Krankheit, bittere Armut und erbarmungslose Unterdrückung. Und auch die, die sich in der Geschichte als „Lichtbringer" verstanden haben, ohne aber von Christus, dem einzigen, wahren Licht, entzündet zu sein, haben kein irdisches Paradies geschaffen, sondern Diktaturen und totalitäre Systeme errichtet, in denen selbst der kleinste Funke wahrer Menschlichkeit erstickt wurde.

An diesem Punkt dürfen wir nicht darüber schweigen, dass es das Böse gibt. Wir sehen es an so vielen Orten in dieser Welt; wir sehen es aber auch – und das erschreckt uns – in unserem eigenen Leben. Ja, in unserem eigenen Herzen gibt es die Neigung zum Bösen, den Egoismus, den Neid, die Aggression. Mit einer gewissen Selbstdisziplin lässt sich das vielleicht einigermaßen kontrollieren. Schwieriger wird es aber mit einem eher verborgenen Schlechtsein, das sich wie ein dumpfer Nebel auf uns legen kann, und das ist die Trägheit, die Schwerfälligkeit, das

Gute zu wollen und zu tun. Immer wieder in der Geschichte haben aufmerksame Zeitgenossen darauf hingewiesen: Der Schaden der Kirche kommt nicht von ihren Gegnern, sondern von den lauen Christen. „Ihr seid das Licht der Welt." – Nur Christus kann sagen: „Ich bin das Licht der Welt." Wir alle sind nur Licht, wenn wir in dem „Ihr" stehen, das vom Herrn her immer neu Licht wird. Und wie der Herr über das Salz warnend sagt, dass es schal werden könne, so hat er auch in das Wort vom Licht eine leise Mahnung eingeflochten.

Anstatt das Licht auf den Leuchter zu stellen, kann man es mit einem Gefäß zudecken. Fragen wir uns: Wie oft decken wir durch unsere Tätigkeit, durch unseren Eigensinn das Licht Gottes zu, so dass es nicht durch uns hindurch in die Welt hineinleuchten kann?

Liebe Freunde, der heilige Apostel Paulus scheut sich nicht, in vielen seiner Briefe seine Zeitgenossen, die Mitglieder der Ortsgemeinden, „Heilige" zu nennen. Hier wird deutlich, dass jeder Getaufte – noch ehe er gute Werke tun kann – geheiligt ist von Gott. In der Taufe entzündet der Herr gleichsam ein Licht in unserem Leben, das der Katechismus die heilig machende Gnade nennt. Wer dieses Licht bewahrt, wer in der Gnade lebt, der ist heilig.

Liebe Freunde, immer wieder ist das Bild der Heiligen karikiert und verzerrt worden, so als ob heilig zu sein bedeute, weltfremd, naiv und freudlos zu sein. Nicht selten meint man, ein Heiliger sei nur der, der asketische und moralische Höchstleistungen vollbringe und den man daher wohl verehren, aber im eigenen Leben doch nie nachahmen könne. Wie falsch und entmutigend ist diese Meinung! Es gibt keinen Heiligen, mit Ausnahme der seligen Jungfrau Maria, der nicht auch die Sünde gekannt und niemals gefallen wäre. Liebe Freunde, Christus achtet nicht so sehr darauf, wie oft wir im Leben straucheln, sondern wie oft wir mit seiner Hilfe wieder aufstehen. Er fordert keine Glanzleistungen, sondern möchte, dass sein Licht in euch scheint. Er ruft euch nicht, weil ihr gut und vollkommen seid, sondern weil Er gut ist und euch zu seinen Freunden machen will. Ja, ihr seid das Licht der Welt, weil Jesus euer Licht ist. Ihr seid Christen – nicht weil ihr Besonderes und Herausragendes tut, sondern weil Er, Christus, euer, unser Leben ist. Ihr seid heilig, wir sind heilig, wenn wir seine Gnade in uns wirken lassen.

Liebe Freunde, an diesem Abend, an dem wir uns im Gebet um den einen Herrn versammeln, ahnen wir die Wahrheit des Wortes Christi, dass die Stadt auf dem Berg nicht verborgen bleiben kann. Diese Versammlung leuchtet im mehrfachen Sinn des Wortes – im Schein unzähliger Lichter, im Glanz so vieler junger Menschen, die an Christus glauben. Eine Kerze kann nur dann Licht spenden, wenn sie sich von der Flamme verzehren lässt. Sie bliebe nutzlos, würde ihr Wachs nicht das Feuer nähren. Lasst es zu, dass Christus in euch brennt, auch wenn das manchmal Opfer und Verzicht bedeuten kann. Fürchtet nicht, ihr könntet etwas verlieren und sozusagen am Ende leer ausgehen. Habt den Mut, eure Talente und Begabungen für Gottes Reich einzusetzen und euch hinzugeben – wie das Wachs einer Kerze – damit der Herr durch euch das Dunkel hell macht. Wagt es, glühende Heilige zu sein, in deren Augen und Herzen die Liebe Christi strahlt und die so der Welt Licht bringen. Ich vertraue darauf, dass ihr und viele andere junge Menschen hier in Deutschland Leuchten der Hoffnung seid, die nicht verborgen bleiben. „Ihr seid das Licht der Welt." Wo Gott ist, da ist Zukunft! Amen.

Eucharistiefeier auf dem Flughafengelände von Freiburg im Breisgau

25. September 2011

Tagesgebet

Lasset uns beten.
Großer Gott,
du offenbarst deine Macht vor allem
im Erbarmen und im Verschonen.
Darum nimm uns in Gnaden auf,
wenn uns auch Schuld belastet.
Gib, dass wir unseren Lauf vollenden
und zur Herrlichkeit
des Himmels gelangen.
Darum bitten wir durch Jesus Christus,
deinen Sohn, unseren Herrn und Gott,
der in der Einheit des Heiligen Geistes
mit dir lebt und herrscht in alle Ewigkeit.
Amen.

Das Gleichnis von den ungleichen Söhnen

Was meint ihr? Ein Mann hatte zwei Söhne. Er ging zum ersten und sagte: Mein Sohn, geh und arbeite heute im Weinberg! Er antwortete: Ja, Herr!, ging aber nicht. Da wandte er sich an den zweiten Sohn und sagte zu ihm dasselbe. Dieser antwortete: Ich will nicht. Später aber reute es ihn, und er ging doch. Wer von den beiden hat den Willen seines Vaters erfüllt? Sie antworteten: Der zweite. Da sagte Jesus zu ihnen: Amen, das sage ich euch: Zöllner und Dirnen gelangen eher in das Reich Gottes als ihr. Denn Johannes ist gekommen, um euch den Weg der Gerechtigkeit zu zeigen, und ihr habt ihm nicht geglaubt; aber die Zöllner und die Dirnen haben ihm geglaubt. Ihr habt es gesehen, und doch habt ihr nicht bereut und ihm nicht geglaubt.

Matthäus 21,28–32

Liebe Brüder und Schwestern!

Es ist für mich bewegend, hier mit so vielen Menschen aus verschiedenen Teilen Deutschlands und aus seinen Nachbarländern Eucharistie, Danksagung zu feiern. Wir wollen vor allem Gott Dank sagen, in dem wir leben, uns bewegen und sind (vgl. Apg 17,28). Danken möchte ich aber auch euch allen für euer Gebet zugunsten des Nachfolgers Petri, dass er seinen Dienst weiter in Freude und Zuversicht verrichten und die Geschwister im Glauben stärken kann.

„Großer Gott, du offenbarst deine Macht vor allem im Erbarmen und im Verschonen", so haben wir im Tagesgebet gesprochen. In der ersten Lesung hörten wir, wie Gott in der Geschichte Israels die Macht seines Erbarmens zu erkennen gab. Die Erfahrung des babylonischen Exils hatte das Volk in eine tiefe Glaubenskrise gestürzt: Warum war dieses Unheil hereingebrochen? War Gott vielleicht gar nicht wirklich mächtig?

Angesichts alles Schrecklichen, was in der Welt geschieht, gibt es heute Theologen, die sagen, Gott könne gar nicht allmächtig sein. Demgegenüber bekennen wir uns zu Gott, dem Allmächtigen, dem Schöpfer des Himmels und der Erde. Und wir sind froh und dankbar, dass er allmächtig ist. Aber wir müssen uns zugleich bewusst werden, dass er seine Macht anders ausübt, als wir Menschen es zu tun pflegen. Er hat seiner Macht selbst eine Grenze gesetzt, indem er die Freiheit seiner Geschöpfe anerkennt. Wir sind froh und dankbar für die Gabe der Freiheit. Aber wenn wir das Furchtbare sehen, das durch sie geschieht, dann erschrecken wir doch. Trauen wir Gott, dessen Macht sich vor allem im Erbarmen und Verzeihen zeigt. Und seien wir sicher, liebe Gläubige: Gott sehnt sich nach dem Heil seines Volkes. Er sehnt sich nach unserem, nach meinem Heil, dem Heil eines jeden. Immer, und vor allem in Zeiten der Not und des Umbruchs, ist er uns nahe, und schlägt sein Herz für uns, wendet er sich uns zu. Damit die Macht seines Erbarmens unsere Herzen anrühren kann, bedarf es der Offenheit für ihn, bedarf es der freien Bereitschaft, vom Bösen abzulassen, aus der Gleichgültigkeit aufzustehen und seinem Wort Raum zu geben. Gott achtet unsere Freiheit. Er zwingt uns nicht. Er wartet auf unser Ja und bettelt gleichsam darum.

Jesus greift dieses Grundthema der prophetischen Predigt im Evangelium auf. Er erzählt das Gleichnis von den beiden Söhnen, die vom Vater eingeladen werden, im Weinberg zu arbeiten.

Der eine Sohn antwortete: „Ja, Herr!", aber er
ging nicht (Mt 21,29). Der andere hingegen sagte
zum Vater: „Ich will nicht. Später aber reute es
ihn, und er ging doch" (Mt 21,30). Auf die Frage
Jesu, wer von beiden den Willen des Vaters getan habe, antworten die Zuhörer zu Recht: „Der
zweite" (Mt 21,31). Die Botschaft des Gleichnis-
ses ist klar: Nicht auf das Reden, sondern auf
das Tun kommt es an, auf die Taten der Umkehr
und des Glaubens. Jesus – wir haben es gehört –
richtet diese Botschaft an die Hohenpriester und
die Ältesten des Volkes Israel, also an die religiösen Experten seines Volkes. Sie sagen zuerst
ja zu Gottes Willen. Aber ihre Religiosität wird
Routine, und Gott beunruhigt sie nicht mehr.
Die Botschaft Johannes des Täufers und die Botschaft Jesu empfinden sie darum als störend. So
schließt der Herr mit drastischen Worten sein
Gleichnis: „Zöllner und Dirnen gelangen eher in
das Reich Gottes als ihr. Denn Johannes ist gekommen, um euch den Weg der Gerechtigkeit
zu zeigen, und ihr habt ihm nicht geglaubt; aber
die Zöllner und die Dirnen haben ihm geglaubt.
Ihr habt es gesehen, und doch habt ihr nicht bereut und ihm nicht geglaubt" (Mt 21,31–32). In
die Sprache der Gegenwart übersetzt könnte das
Wort etwa so lauten: Agnostiker, die von der Fra-

ge nach Gott umgetrieben werden; Menschen, die unter ihrer Sünde leiden und Sehnsucht nach dem reinen Herzen haben, sind näher am Reich Gottes als kirchliche Routiniers, die in ihr nur noch den Apparat sehen, ohne dass ihr Herz davon berührt wäre, vom Glauben berührt wäre. So muss das Wort uns alle sehr nachdenklich machen, ja, uns erschüttern. Dies bedeutet aber wahrhaftig nicht, dass alle, die in der Kirche leben und für sie arbeiten, eher als fern von Jesus und Gottes Reich einzustufen wären. Ganz und gar nicht! Nein, dies ist vielmehr der Augenblick, um den vielen haupt- und nebenamtlichen Mitarbeitern, ohne die das Leben in den Pfarreien und in der Kirche als ganzer nicht denkbar wäre, ein Wort sehr herzlichen Dankes zu sagen. Die Kirche in Deutschland hat viele soziale und karitative Einrichtungen, in denen die Nächstenliebe in einer auch gesellschaftlich wirksamen Form und bis an die Grenzen der Erde geübt wird. Allen, die sich im Deutschen Caritas-Verband oder in anderen kirchlichen Organisationen engagieren oder die ihre Zeit und Kraft großherzig für Ehrenämter in der Kirche zur Verfügung stellen, möchte ich in diesem Augenblick meinen Dank und meine Wertschätzung bekunden. Zu diesem Dienst gehört zunächst sachliche und berufliche

Kompetenz. Aber im Sinn der Weisung Jesu gehört mehr dazu: das offene Herz, das sich von
der Liebe Christi treffen lässt und so dem Nächsten, der unser bedarf, mehr gibt als technischen
Service: die Liebe, in der dem anderen der lie-
bende Gott – Christus – sichtbar wird. Fragen
wir uns darum, auch vom heutigen Evangelium
her: Wie steht es mit meiner persönlichen Got-
tesbeziehung – im Gebet, in der sonntäglichen
Messfeier, in der Vertiefung des Glaubens durch
die Betrachtung der Heiligen Schrift und das Studium des Katechismus der Katholischen Kirche?
Liebe Freunde! Die Erneuerung der Kirche kann
letztlich nur durch die Bereitschaft zur Umkehr
und durch einen erneuerten Glauben kommen.
Im Evangelium dieses Sonntags – wir haben es
gesehen – ist von zwei Söhnen die Rede, hinter
ihnen steht aber geheimnisvoll ein dritter. Der
erste Sohn sagt ja, tut aber das Aufgetragene
nicht. Der zweite Sohn sagt nein, erfüllt jedoch
den Willen des Vaters. Der dritte Sohn sagt ja,
und tut auch, was ihm aufgetragen wird. Dieser
dritte Sohn ist Gottes eingeborener Sohn Jesus
Christus, der uns alle hier zusammengeführt
hat. Jesus sprach bei seinem Eintritt in die Welt:
„Ja, ich komme, … um deinen Willen zu tun, o
Gott" (Hebr 10,7). Dieses Ja hat er nicht nur ge-

sagt, sondern getan und durchgelitten bis in den Tod hinein. Es heißt im Christushymnus aus der zweiten Lesung: „Er war Gott gleich, hielt aber nicht daran fest, wie Gott zu sein, sondern entäußerte sich und wurde wie ein Sklave und den Menschen gleich. Sein Leben war das eines Menschen; er erniedrigte sich und war gehorsam bis zum Tod, bis zum Tod am Kreuz" (Phil 2,6–8). In Demut und Gehorsam hat Jesus den Willen des Vaters erfüllt, ist er für seine Brüder und Schwestern – für uns – am Kreuz gestorben, hat uns von unserem Hochmut und Eigensinn erlöst. Danken wir ihm für seine Hingabe, beugen wir die Knie vor seinem Namen und bekennen wir mit den Jüngern der ersten Generation: „Jesus Christus ist der Herr in der Herrlichkeit Gottes, des Vaters" (vgl. Phil 2,10).

Christliches Leben muss stets neu an Christus Maß nehmen. „Seid untereinander so gesinnt, wie es dem Leben in Christus Jesus entspricht" (Phil 2,5), schreibt Paulus in der Einleitung zum Christushymnus. Und einige Verse vorher schon ruft er uns auf: „Wenn es Ermahnung in Christus gibt, Zuspruch aus Liebe, eine Gemeinschaft des Geistes, herzliche Zuneigung und Erbarmen, dann macht meine Freude dadurch vollkommen, dass ihr eines Sinnes seid, einander in Liebe ver-

bunden, einmütig und einträchtig" (Phil 2,1–2).
Wie Christus ganz dem Vater verbunden und gehorsam war, so sollen seine Jünger Gott gehorchen und untereinander eines Sinnes sein. Liebe
Freunde! Mit Paulus wage ich euch zuzurufen:
Macht meine Freude dadurch vollkommen, dass
ihr fest in Christus geeint seid! Die Kirche in
Deutschland wird die großen Herausforderun-
gen der Gegenwart und der Zukunft bestehen
und Sauerteig in der Gesellschaft bleiben, wenn
Priester, Gottgeweihte und christgläubige Laien
in Treue zur jeweils spezifischen Berufung in
Einheit zusammenarbeiten; wenn Pfarreien, Gemeinschaften und Bewegungen sich gegenseitig stützen und bereichern; wenn die Getauften
und Gefirmten die Fackel des unverfälschten
Glaubens in Einheit mit dem Bischof hochhal-
ten und ihr reiches Wissen und Können davon
erleuchten lassen. Die Kirche in Deutschland
wird für die weltweite katholische Gemeinschaft
weiterhin ein Segen sein, wenn sie treu mit den
Nachfolgern des heiligen Petrus und der Apostel
verbunden bleibt, die Zusammenarbeit mit den
Missionsländern in vielfältiger Weise pflegt und
sich dabei auch von der Glaubensfreude der jungen Kirchen anstecken lässt.
Mit der Mahnung zur Einheit verbindet Paulus

den Ruf zur Demut. Er sagt: Tut „nichts aus Ehrgeiz und nichts aus Prahlerei ... Sondern in Demut schätze einer den andern höher ein als sich selbst. Jeder achte nicht nur auf das eigene Wohl, sondern auch auf das der anderen" (Phil 2,3–4). Christliche Existenz ist Pro-Existenz: Dasein für den anderen, demütiger Einsatz für den Nächsten und für das Gemeinwohl. Liebe Gläubige! Demut ist eine Tugend, die in der Welt von heute und überhaupt in der Welt zu allen Zeiten nicht hoch im Kurs steht. Aber die Jünger des Herrn wissen, dass diese Tugend gleichsam das Öl ist, das Gesprächsprozesse fruchtbar, Zusammenarbeit möglich und Einheit herzlich macht. Humilitas, das lateinische Wort für Demut, hat mit Humus, mit Erdnähe zu tun. Demütige Menschen stehen mit beiden Beinen auf der Erde. Vor allem aber hören sie auf Christus, auf Gottes Wort, das die Kirche und jedes Glied in ihr unaufhörlich erneuert.

Bitten wir Gott um den Mut und um die Demut, den Weg des Glaubens zu gehen, aus dem Reichtum seines Erbarmens zu schöpfen und den Blick unablässig auf Christus gerichtet zu halten, auf das Wort, das alles neu macht, das für uns „der Weg und die Wahrheit und das Leben" (Joh 14,6) und unsere Zukunft ist. Amen.

Gebet des Angelus Domini auf dem Flughafengelände von Freiburg im Breisgau

25. September 2011

Liebe Schwestern und Brüder!

Diese feierliche heilige Messe wollen wir nun gemeinsam mit dem „Engel des Herrn" beschließen. Dieses Gebet erinnert uns immer wieder aufs neue an den geschichtlichen Anfang unseres Heils. Der Erzengel Gabriel unterbreitet der Jungfrau Maria den Heilsplan Gottes, nach dem sie Mutter des Erlösers werden soll. Maria erschrickt. Doch der Engel des Herrn spricht ein Wort des Trostes zu ihr: „Fürchte dich nicht, Maria, denn du hast bei Gott Gnade gefunden." So kann Maria ihr großes Jawort sprechen. Dieses Ja, Magd des Herrn zu sein, ist das vertrauensvolle Ja zum Plan Gottes, zu unserer Erlösung. Und sie spricht das Ja schließlich zu uns allen, die sie unter dem Kreuz als Kinder anvertraut bekommen hat (vgl. Joh 19,27). Nie nimmt sie diese Zusage zurück. Und deshalb ist sie selig, ja glückselig zu preisen, denn sie hat geglaubt, dass sich an ihr erfüllen wird, was der Herr ihr gesagt hat (vgl. Lk 1,45). Wenn wir nun diesen Engelsgruß beten, dürfen wir uns mit diesem Ja-wort Marias verbinden, voller Vertrauen einstim-men in die Schönheit des Planes Gottes und der Vorsehung, die er uns in seiner Huld zugedacht hat. Dann wird die Liebe Gottes auch in unserem Leben sozusagen Fleisch werden, immer mehr Gestalt annehmen. In allen Sorgen brauchen wir keine Angst zu haben. Gott ist gut. Zugleich dürfen wir uns getragen wissen von der Gemein-schaft der vielen Gläubigen, die jetzt in dieser Stunde auf der ganzen Welt mit uns zusammen über Fernsehen und Rundfunk den „Engel des Herrn" beten.

Begegnung mit engagierten Katholiken aus Kirche und Gesellschaft, Konzerthaus Freiburg im Breisgau

25. September 2011

Gebet

Lasset uns beten.
Gott und Vater aller Menschen,
durch deinen Sohn hast du
die Gemeinschaft der Glaubenden
in der Kirche zusammengerufen
und dazu bestimmt,
deine Großtaten zu verkünden.
Wir bitten für die Kirche in Deutschland,
für ihre Hirten und alle Gläubigen:
Erneuere sie durch deinen Heiligen Geist
und gib ihr die Kraft,
auf dich hin zu leben
und von dir glaubwürdig Zeugnis abzulegen.
So wird dein Auftrag erfüllt
und das Werk deines Sohnes vollendet,
der mit dir lebt und herrscht
in alle Ewigkeit.
Amen.

Verehrter Herr Bundespräsident,
Herr Ministerpräsident,
Herr Oberbürgermeister,
verehrte Damen und Herren,
liebe Mitbrüder im Bischofs- und Priesteramt!

Ich freue mich über diese Begegnung mit Ihnen, die Sie sich in vielfältiger Weise für die Kirche und für das Gemeinwesen engagieren. Dies gibt mir eine willkommene Gelegenheit, Ihnen hier persönlich für Ihren Einsatz und Ihr Zeugnis als „kraftvolle Boten des Glaubens an die zu erhoffenden Dinge" (*Lumen gentium*, 35) ganz herzlich zu danken: So nennt das II. Vatikanische Konzil Menschen, die wie Sie sich um Gegenwart und Zukunft aus dem Glauben mühen. In Ihrem Arbeitsumfeld treten Sie bereitwillig für Ihren Glauben und für die Kirche ein, was – wie wir wissen – in der heutigen Zeit wahrhaftig nicht immer leicht ist.
Seit Jahrzehnten erleben wir einen Rückgang der religiösen Praxis, stellen wir eine zunehmende Distanzierung beträchtlicher Teile der Getauften vom kirchlichen Leben fest. Es kommt die Frage auf: Muss die Kirche sich nicht ändern? Muss sie sich nicht in ihren Ämtern und Strukturen der Gegenwart anpassen, um die suchenden und zweifelnden Menschen von heute zu erreichen?

Die selige Mutter Teresa wurde einmal gefragt, was sich ihrer Meinung nach als erstes in der Kirche ändern müsse. Ihre Antwort war: „Sie und ich!"

An dieser kleinen Episode wird uns zweierlei deutlich. Einmal will die Ordensfrau dem Gesprächspartner sagen: Kirche sind nicht nur die anderen, nicht nur die Hierarchie, der Papst und die Bischöfe; Kirche sind wir alle, wir, die Getauften. Zum anderen geht sie tatsächlich davon aus: Ja, es gibt Anlass zur Änderung. Es ist Änderungsbedarf vorhanden. Jeder Christ und die Gemeinschaft der Gläubigen als Ganzes sind zur stetigen Änderung aufgerufen.

Wie soll diese Änderung konkret aussehen? Geht es um eine Erneuerung, wie sie etwa ein Hausbesitzer durch die Renovierung oder den neuen Anstrich seines Anwesens durchführt? Oder geht es hier um eine Korrektur, um wieder auf Kurs zu kommen sowie schneller und geradliniger einen Weg zurückzulegen? Sicher spielen diese und andere Aspekte eine Rolle, und hier kann nicht von alledem die Rede sein. Aber was das grundlegende Motiv der Änderung betrifft, so ist es die apostolische Sendung der Jünger und der Kirche selbst.

Dieser ihrer Sendung muss die Kirche sich nämlich immer neu vergewissern. Die drei synoptischen Evangelien lassen verschiedene Aspekte des Sendungsauftrags aufleuchten: Die Sendung gründet zunächst in der persönlichen Erfahrung: „Ihr seid meine Zeugen" (Lk 24,48); sie kommt zum Ausdruck in Beziehungen: „Macht alle Menschen zu meinen Jüngern" (Mt 28,19); und sie gibt eine universelle Botschaft weiter: „Verkündet das Evangelium allen Geschöpfen" (Mk 16,15). Durch die Ansprüche und Sachzwänge der Welt aber wird dies Zeugnis immer wieder verdunkelt, werden die Beziehungen entfremdet und wird die Botschaft relativiert. Wenn nun die Kirche, wie Papst Paul VI. sagt, „danach trachtet, sich selbst nach dem Typus, den Christus ihr vor Augen stellt, zu bilden, dann wird sie sich von der menschlichen Umgebung tief unterscheiden, in der sie doch lebt oder der sie sich nähert" (Enzyklika *Ecclesiam Suam*, 60). Um ihre Sendung zu verwirklichen, wird sie auch immer wieder Distanz zu ihrer Umgebung nehmen müssen, sich gewissermaßen „ent-weltlichen".

Die Sendung der Kirche kommt ja vom Geheimnis des Dreieinigen Gottes her, dem Geheimnis seiner schöpferischen Liebe. Und die Liebe ist nicht nur irgendwie in Gott, er selbst ist sie, ist vom Wesen her die Liebe. Und die göttliche

Liebe will nicht nur für sich sein, sie will sich ihrem Wesen nach verströmen. Sie ist in der Menschwerdung und Hingabe des Sohnes Gottes in besonderer Weise auf die Menschheit, auf uns zugekommen, und zwar so, dass Christus, der Sohn Gottes, gleichsam aus dem Rahmen seines Gottseins herausgetreten ist, Fleisch angenommen hat, Mensch geworden ist, nicht nur, um die Welt in ihrer Weltlichkeit zu bestätigen und ihr Gefährte zu sein, der sie so lässt, wie sie ist, sondern um sie zu verwandeln. Zum Christusgeschehen gehört das Unfassbare, dass es – wie die Kirchenväter sagen – ein *sacrum commercium*, einen Tausch zwischen Gott und den Menschen gibt. Die Väter legen es so aus: Wir haben Gott nichts zu geben, wir haben ihm nur unsere Sünde hinzuhalten. Und er nimmt sie an und macht sie sich zu eigen, gibt uns dafür sich selbst und seine Herrlichkeit. Ein wahrhaft ungleicher Tausch, der sich im Leben und Leiden Christi vollzieht. Er wird Sünder, nimmt die Sünde auf sich, das Unsrige nimmt er an und gibt uns das Seinige. Aber im Weiterdenken und Weiterleben im Glauben ist dann doch deutlich geworden, dass wir ihm nicht nur Sünde geben, sondern dass er uns ermächtigt hat, von inner her die Kraft gibt, ihm auch Positives zu geben:

unsere Liebe – ihm die Menschheit im positiven Sinn zu geben. Natürlich, es ist klar, dass nur Dank der Großmut Gottes der Mensch, der Bettler, der den göttlichen Reichtum empfängt, doch auch Gott etwas geben kann; dass Gott uns das Geschenk erträglich macht, indem er uns fähig macht, auch für ihn Schenkende zu werden.

Die Kirche verdankt sich ganz diesem ungleichen Tausch. Sie hat nichts aus Eigenem gegenüber dem, der sie gestiftet hat, so dass sie sagen könnte: Dies haben wir großartig gemacht! Ihr Sinn besteht darin, Werkzeug der Erlösung zu sein, sich von Gott her mit seinem Wort durchdringen zu lassen und die Welt in die Einheit der Liebe mit Gott hineinzutragen. Die Kirche taucht ein in die Hinwendung des Erlösers zu den Menschen. Sie ist, wo sie wahrhaft sie selber ist, immer in Bewegung, muss sich fortwährend in den Dienst der Sendung stellen, die sie vom Herrn empfangen hat. Und deshalb muss sie sich immer neu den Sorgen der Welt öffnen, zu der sie ja selber gehört, sich ihnen ausliefern, um den heiligen Tausch, der mit der Menschwerdung begonnen hat, weiterzuführen und gegenwärtig zu machen.

In der geschichtlichen Ausformung der Kirche zeigt sich jedoch auch eine gegenläufige Tendenz, dass die Kirche zufrieden wird mit sich

selbst, sich in dieser Welt einrichtet, selbstge-
nügsam ist und sich den Maßstäben der Welt
angleicht. Sie gibt nicht selten Organisation und
Institutionalisierung größeres Gewicht als ihrer
Berufung zu der Offenheit auf Gott hin, zur Öffnung der Welt auf den Anderen hin.

Um ihrem eigentlichen Auftrag zu genügen,
muss die Kirche immer wieder die Anstrengung
unternehmen, sich von dieser ihrer Verweltli-
chung zu lösen und wieder offen auf Gott hin
zu werden. Sie folgt damit den Worten Jesu: „Sie
sind nicht von der Welt, wie auch ich nicht von
der Welt bin" (Joh 17,16), und gerade so gibt er
sich der Welt. Die Geschichte kommt der Kirche
in gewisser Weise durch die verschiedenen Epo-
chen der Säkularisierung zur Hilfe, die zu ihrer
Läuterung und inneren Reform wesentlich bei-
getragen haben.

Die Säkularisierungen – sei es die Enteignung
von Kirchengütern, sei es die Streichung von
Privilegien oder Ähnliches – bedeuteten nämlich
jedes Mal eine tief greifende Entweltlichung der
Kirche, die sich dabei gleichsam ihres weltlichen
Reichtums entblößt und wieder ganz ihre welt-
liche Armut annimmt. Damit teilt sie das Schick-
sal des Stammes Levi, der nach dem Bericht des
Alten Testamentes als einziger Stamm in Israel

kein eigenes Erbland besaß, sondern allein Gott selbst, sein Wort und seine Zeichen als seinen Losanteil gezogen hatte. Mit ihm teilte sie in jenen geschichtlichen Momenten den Anspruch einer Armut, die sich zur Welt geöffnet hat, um sich von ihren materiellen Bindungen zu lösen, und so wurde auch ihr missionarisches Handeln wieder glaubhaft.

Die geschichtlichen Beispiele zeigen: Das missionarische Zeugnis der entweltlichten Kirche tritt klarer zutage. Die von materiellen und politischen Lasten und Privilegien befreite Kirche kann sich besser und auf wahrhaft christliche Weise der ganzen Welt zuwenden, wirklich weltoffen sein. Sie kann ihre Berufung zum Dienst der Anbetung Gottes und zum Dienst des Nächsten wieder unbefangener leben. Die missionarische Pflicht, die über der christlichen Anbetung liegt und die ihre Struktur bestimmen sollte, wird deutlicher sichtbar. Sie öffnet sich der Welt, nicht um die Menschen für eine Institution mit eigenen Machtansprüchen zu gewinnen, sondern um sie zu sich selbst zu führen, indem sie zu dem führt, von dem jeder Mensch mit Augustinus sagen kann: Er ist mir innerlicher als ich mir selbst (vgl. *Conf.* 3, 6, 11). Er, der unendlich über mir ist, ist doch so in mir, dass er meine wahre Innerlichkeit ist. Durch diese Art der Öffnung der Kirche zur Welt wird damit auch vorgezeichnet, in welcher Form sich die Weltoffenheit des einzelnen Christen wirksam und angemessen vollziehen kann.

Es geht hier nicht darum, eine neue Taktik zu finden, um der Kirche wieder Geltung zu verschaffen. Vielmehr gilt es, jede bloße Taktik abzulegen und nach der totalen Redlichkeit zu suchen, die nichts von der Wahrheit unseres Heute ausklammert oder verdrängt, sondern ganz im Heute den Glauben vollzieht, eben dadurch dass sie ihn ganz in der Nüchternheit des Heute lebt, ihn ganz zu sich selbst bringt, indem sie das von ihm abstreift, was nur scheinbar Glaube, in Wahrheit aber Konvention und Gewohnheit ist.

Sagen wir es noch einmal anders: Der christliche Glaube ist für den Menschen allezeit – und nicht erst in der unsrigen – ein Skandal. Dass der ewige Gott sich um uns Menschen kümmern, uns kennen soll, dass der Unfassbare zu einer bestimmten Zeit an einem bestimmten Ort fassbar geworden sein soll, dass der Unsterbliche am Kreuz gelitten haben und gestorben sein soll, dass uns Sterblichen Auferstehung und Ewiges Leben verheißen ist – das zu glauben ist für die Menschen allemal eine Zumutung.

Dieser Skandal, der unaufhebbar ist, wenn man nicht das Christentum selbst aufheben will, ist leider gerade in jüngster Zeit überdeckt worden von den anderen schmerzlichen Skandalen der Verkünder des Glaubens. Gefährlich wird es, wenn diese Skandale an die Stelle des primären *skandalon* des Kreuzes treten und ihn dadurch unzugänglich machen, also den eigentlichen christlichen Anspruch hinter der Unbotmäßigkeit seiner Boten verdecken.

Umso mehr ist es wieder an der Zeit, die wahre Entweltlichung zu finden, die Weltlichkeit der Kirche beherzt abzulegen. Das heißt natürlich nicht, sich aus der Welt zurückzuziehen, sondern das Gegenteil. Eine vom Weltlichen entlastete Kirche vermag gerade auch im sozial-karitativen Bereich den Menschen, den Leidenden wie ihren Helfern, die besondere Lebenskraft des christlichen Glaubens zu vermitteln. „Der Liebesdienst ist für die Kirche nicht eine Art Wohlfahrtsaktivität, die man auch anderen überlassen könnte, sondern er gehört zu ihrem Wesen, ist unverzichtbarer Wesensausdruck ihrer selbst" (Enzyklika *Deus caritas est*, 25). Allerdings haben sich auch die karitativen Werke der Kirche immer neu dem Anspruch einer angemessenen Entweltlichung zu stellen, sollen ihr nicht angesichts der zunehmenden Entkirchlichung ihre Wurzeln vertrocknen. Nur die tiefe Beziehung zu Gott ermöglicht eine vollwertige Zuwendung zum Mitmenschen, so wie ohne Zuwendung zum Nächsten die Beziehung zu Gott verkümmert.

Offensein für die Anliegen der Welt heißt demnach für die entweltlichte Kirche, die Herrschaft der Liebe Gottes nach dem Evangelium durch Wort und Tat hier und heute zu bezeugen, und dieser Auftrag weist zudem über die gegenwärtige Welt hinaus; denn das gegenwärtige Leben schließt die Verbundenheit mit dem Ewigen Leben ein. Leben wir als Einzelne und als Gemeinschaft der Kirche die Einfachheit einer großen Liebe, die auf der Welt das Einfachste und das Schwerste zugleich ist, weil es nicht mehr und nicht weniger verlangt, als sich selbst zu verschenken.

Liebe Freunde! Es bleibt mir, den Segen Gottes und die Kraft des Heiligen Geistes für uns alle zu erbitten, dass wir in unserem jeweiligen Wirkungsbereich immer wieder neu Gottes Liebe und sein Erbarmen erkennen und bezeugen können. Ich danke Ihnen für Ihre Aufmerksamkeit!

Abschiedszeremonie auf dem Flughafen Lahr

25. September 2011

Sehr geehrter, lieber Herr Bundespräsident!
Verehrte Vertreter des Bundes, des Landes
Baden-Württemberg und der Gemeinden!
Liebe Mitbrüder im Bischofsamt!
Meine sehr geehrten Damen und Herren!

Bevor ich nun Deutschland verlasse, drängt es
mich, Dank zu sagen für die vergangenen er-
lebnisreichen und bewegenden Tage in unserer
Heimat.
Mein Dank gilt Ihnen, Herr Bundespräsident
Wulff, der Sie mich in Berlin im Namen des deutschen Volkes empfangen und jetzt zum Abschied
erneut durch Ihre freundlichen Worte geehrt haben. Ich danke den Vertretern der Bundes- und
der Landesregierung, die zur Verabschiedung
gekommen sind. Einen herzlichen Dank sage
ich ebenfalls Erzbischof Zollitsch von Freiburg,
der mich während der ganzen Reise begleitete.
Gerne schließe ich auch Erzbischof Woelki von
Berlin und Bischof Wanke von Erfurt in meinen
Dank ein, die mir ebenfalls ihre Gastfreundschaft

gezeigt haben, sowie dem gesamten deutschen Episkopat. Besonderer Dank gilt schließlich den vielen, die diese vier Tage im Hintergrund vorbereitet und für deren reibungslosen Ablauf Sorge getragen haben: den kommunalen Einrichtungen, den Sicherheitskräften, dem ärztlichen Dienst, den Verantwortlichen für die öffentlichen Verkehrsmittel wie auch den zahlreichen freiwilligen Helfern. Allen Menschen danke ich für die eindrucksvolle Zeit und für die vielfältigen persönlichen Begegnungen sowie für die unzähligen Aufmerksamkeiten und Zeichen der Verbundenheit, die mir erwiesen wurden.

In der Bundeshauptstadt Berlin hatte ich die besondere Gelegenheit, vor den Abgeordneten des Deutschen Bundestages zu sprechen und ihnen Gedanken über die geistigen Fundamente des Rechtsstaates vorzutragen. Gerne denke ich auch an die fruchtbaren Gespräche mit dem Bundespräsidenten und der Bundeskanzlerin über die augenblickliche Situation des deutschen Volkes und der Völkergemeinschaft zurück. Besonders berührt haben mich die freundliche Aufnahme und die große Begeisterung so vieler Menschen in Berlin.

Im Land der Reformation bildete naturgemäß die Ökumene einen Schwerpunkt der Reise. Hier möchte ich die Begegnung mit den Vertretern der Evangelischen Kirche in Deutschland im Augustinerkloster in Erfurt hervorheben. Für den brüderlichen Austausch und für das gemeinsame Gebet bin ich von Herzen dankbar. Bedeutungsvoll war aber auch das Zusammentreffen mit orthodoxen und orientalischen Christen sowie mit Juden und Muslimen.

Dieser Besuch galt natürlich besonders den Katholiken in Berlin, in Erfurt, im Eichsfeld und in Freiburg. Gerne erinnere ich mich an die gemeinsamen Gottesdienste, an die Freude, an das gemeinsame Hören des Wortes Gottes und das vereinte Beten und Singen – vor allem auch in den Teilen des Landes, in denen über Jahrzehnte hinweg versucht wurde, Religion aus dem Leben der Menschen zu verdrängen. Dies stimmt mich zuversichtlich für die Zukunft der Kirche in Deutschland und des Christentums in Deutschland. Wie schon bei den früheren Besuchen war erfahrbar, wie viele Menschen hier ihren Glauben bezeugen und seine gestaltende Kraft in der heutigen Welt gegenwärtig werden lassen.

Nicht zuletzt habe ich mich sehr gefreut, nach dem eindrucksvollen Weltjugendtag in Madrid auch in Freiburg bei der gestrigen Jugendvigil wieder mit vielen jungen Menschen zusammenzusein.

Ich möchte die Kirche in Deutschland ermutigen, mit Kraft und Zuversicht den Weg des Glaubens weiterzugehen, der Menschen dazu führt, zu den Wurzeln, zum wesentlichen Kern der Frohbotschaft Christi zurückzukehren. Es wird kleine Gemeinschaften von Glaubenden geben – und es gibt sie schon –, die in die pluralistische Gesellschaft mit ihrer Begeisterung hineinstrahlen und andere neugierig machen, nach dem Licht zu suchen, das Leben in Fülle schenkt. „Es gibt nichts Schöneres, als Christus zu kennen und den anderen die Freundschaft mit ihm zu schenken" (*Predigt zur Amtseinführung* 24. April 2005). Aus dieser Erfahrung wächst schließlich die Gewissheit: „Wo Gott ist, da ist Zukunft!" Wo Gott zugegen ist, da ist Hoffnung und da eröffnen sich neue, oft ungeahnte Perspektiven, die über den Tag und das nur Kurzlebige hinausreichen. In diesem Sinne begleite ich in Gedanken und im Gebet den Weg der Kirche in Deutschland.

Erfüllt von den eindrucksvollen Erlebnissen und Erinnerungen an diese Tage in der Heimat kehre ich nun nach Rom zurück. Mit der Zusicherung meines Gebets für Sie alle und für eine gute Zukunft unseres Landes in Frieden und Freiheit sage ich zum Abschied ein herzliches Vergelt's Gott. Der Herr segne Sie alle!

Chronologie

Donnerstag, 22. September 2011

08:15 Uhr	Abflug vom Flughafen Rom-Ciampino nach Berlin
10:30 Uhr	Ankunft des Papstes in Berlin-Tegel, offizieller Empfang
11:15 Uhr	Offizielle Begrüßung im Park von Schloss Bellevue durch Bundespräsident Christian Wulff, Ansprache des Heiligen Vaters, Ansprache des Bundespräsidenten, anschließend Begegnung mit dem Bundespräsidenten
12:50 Uhr	offizielle Begegnung mit Bundeskanzlerin Angela Merkel am Sitz der Deutschen Bischofskonferenz in Berlin
13:30 Uhr	Mittagessen mit dem Päpstlichen Gefolge in der Katholischen Akademie
16:15 Uhr	Papst Benedikt XVI. besucht den Deutschen Bundestag, 9. Ansprache des Heiligen Vaters

17:15 Uhr	Begegnung mit Vertretern der Jüdischen Gemeinde im Reichstag, Ansprache des Heiligen Vaters
18:00 Uhr	Ankunft am Olympiastadion, Begegnung mit Klaus Wowereit, dem Regierenden Bürgermeister von Berlin, Eintrag in das Goldene Buch der Stadt Berlin
18:30 Uhr	Heilige Messe im Olympiastadion Berlin mit 70.000 Pilgern, Predigt des Heiligen Vaters

Übernachtung in der Apostolischen Nuntiatur Berlin

Freitag, 23. September 2011

07:15 Uhr	Privatmesse in der Kapelle der Apostolischen Nuntiatur
09:00 Uhr	Begegnung mit Vertretern des Islam in der Apostolischen Nuntiatur, Ansprache des Heiligen Vaters
10:00 Uhr	Abflug von Berlin-Tegel nach Erfurt
10:45 Uhr	Ankunft am Flughafen Erfurt und Begrüßung durch die Ministerpräsidentin des Freistaates Thüringen, Christine Lieberknecht

11:15 Uhr	Besuch des Doms St. Marien zu Erfurt, Begrüßung von Papst Benedikt XVI. im Dom durch Bischof Dr. Joachim Wanke
11:45 Uhr	Gespräch mit Vertretern des Rates der Evangelischen Kirche in Deutschland (EKD) im Kapitelsaal des Augustinerklosters zu Erfurt, Ansprache des Heiligen Vaters
12:20 Uhr	Ökumenischer Wortgottesdienst in der Kirche des Augustinerkonventes, Predigt des Heiligen Vaters
13:20 Uhr	Mittagessen mit dem Päpstlichen Gefolge im Priesterseminar
16:45 Uhr	Hubschrauberflug vom Flughafen Erfurt zur Wallfahrtskapelle von Etzelsbach im Eichsfeld
17:30 Uhr	Ankunft in Etzelsbach
17:45 Uhr	Marianische Vesper bei der Wallfahrtskapelle von Etzelsbach mit 90.000 Pilgern, Ansprache des Heiligen Vaters
19:00 Uhr	Hubschrauberflug von Etzelsbach nach Erfurt.
19:40 Uhr	Ankunft am Flughafen Erfurt

Abends   Begegnung des Papstes mit fünf
              Missbrauchsopfern im Erfurter
              Priesterseminar
Übernachtung im Priesterseminar in Erfurt

Samstag, 24. September 2011

09:00 Uhr   Heilige Messe auf dem Domplatz zu
             Erfurt mit 30.000 Pilgern, Predigt
             des Heiligen Vaters
11:50 Uhr   Abflug von Erfurt nach Lahr
12:50 Uhr   Ankunft am Flughafen Lahr, Begrü-
             ßung durch den Ministerpräsiden-
             ten von Baden-Würtemberg, Win-
             fried Kretschmann, und Weiterfahrt
             nach Freiburg
14:00 Uhr   Besuch des Freiburger Münsters
14:15 Uhr   Gruß an die Stadtbevölkerung auf
             dem Münsterplatz, Grußwort des
             Heiligen Vaters
16:50 Uhr   Begegnung mit Bundeskanzler a. D.
             Dr. Helmut Kohl im Priesterseminar
17:15 Uhr   Papst Benedikt trifft Vertreter der
             Orthodoxen Kirche in Deutschland
             im Priesterseminar, Ansprache des
             Heiligen Vaters

17:45 Uhr   Begegnung mit Seminaristen in
             der Kapelle des Priesterseminars,
             Grußwort des Heiligen Vaters
18:15 Uhr   Begegnung mit dem Präsidium des
             Zentralkomitees der deutschen Ka-
             tholiken (ZdK) im Priesterseminar,
             Ansprache des Heiligen Vaters
19:00 Uhr   Gebetsvigil mit 30.000 Jugend-
             lichen auf dem Messegelände in
             Freiburg, Ansprache des Heiligen
             Vaters
Übernachtung im Priesterseminar in Freiburg

Sonntag, 25. September 2011

10:00 Uhr   Heilige Messe auf dem City-Air-
             port-Gelände Freiburg mit über
             100.000 Pilgern, Predigt des Heili-
             gen Vaters, Angelusgebet und An-
             sprache des Heiligen Vaters
12:45 Uhr   Mittagessen mit den Mitgliedern
             der Deutschen Bischofskonferenz
             und dem Päpstlichen Gefolge im
             Priesterseminar
16:20 Uhr   Begegnung mit den Bundesverfas-
             sungsrichtern im Priesterseminar

17:00 Uhr	Begegnung mit engagierten Katholiken aus Kirche und Gesellschaft im Konzerthaus zu Freiburg, Ansprache des Heiligen Vaters
18:45 Uhr	Abschiedszeremonie auf dem Flughafen Lahr, Ansprache des Heiligen Vaters, Ansprache des Bundespräsidenten Christian Wulff
19:15 Uhr	Papst Benedikt XVI. fliegt zurück nach Rom und beendet damit seine Apostolische Reise 2011 nach Deutschland.
20:45 Uhr	Ankunft am Flughafen Rom-Ciampino